呪物怪談

蛙坂須美
営業のK
神沼三平太
黒木あるじ
しのはら史絵
住倉カオス
つくね乱蔵
嗣人
八木商店
夜行列車

竹書房
文庫

目次

※本書に登場する人物名は、様々な事情を考慮してすべて仮名にしてあります。また、作中に登場する体験者の記憶と体験当時の世相を鑑み、極力当時の様相を再現するよう心がけています。現代においては若干耳慣れない言葉・表記が登場する場合がありますが、これらは差別・侮蔑を意図する考えに基づくものではありません。

本書は「呪い」「呪物」をテーマに取材し、書き下ろされた実話怪談です。

不明

嗣人

私がまだ大分県で大学生をしていた頃、奇妙なアルバイトをさせられたことがある。

大分市にある小さな単身者向けアパートの一室で、朝から夕方まで大量のＶＨＳビデオに目を通し、その内容を簡単に文字に起こす。それだけの単純作業なのだが、とにかく給料が良かった。あくまで単発のアルバイトではあったが、日雇いでこれほどの高額は他所《よそ》で見たことがない。私は雇い主の名前さえ知らなかったが、そんなことはどうでもよかった。

私を誘ってくれたバイト先の先輩とペアになり、ひたすらビデオを回す。肝腎の中身はというと、どれも他愛のないホームビデオで、いかにも昭和後半から平成初期といった風景ばかり。他人が見ても別に面白い所など何もなかった。

ビデオデッキで何度も再生されていたのだろう。画質は悪く、音声もひび割れていた。先輩がビデオを回し、停止し、再生する。私はとにかく起きていることを文章にしていくのだが、特に辛いとは感じなかった。先輩は文字に起こす作業が何より辛いと言うので、最後にラベルを貼る行為以外は、ただ画面をつまらなそうに眺めていた。

どのビデオの内容も似たり寄ったりで、大まかに分けると三つのパターンしかない。一つは子供や家族の日常の記録映像、もう一つは旅行先の記録、最後は何処かの風景を延々と撮っているもの。尺の長さや、舞台こそ変化はあるものの、ほとんど変わらない。出てくる家族もバラバラで、同じ顔は二度と見かけなかった。

そんな中、奇妙なビデオを見つけた。

再生ボタンを押すと、顔に色褪《あ》せた紙袋をかぶった着物姿の女性が見晴らしのいい丘のような場所に立っている。両手を帯の前で慎ましく握り、微動だにせずこちらを向いていた。

言いようのない不穏さに思わず眉を顰《ひそ》める。今までのホームビデオ同様、誰かが手に持ったビデオカメラで撮影しているようだが、妙に遠い。

先輩も気味の悪さを感じたのか、にわかに身を起こすと一時停止ボタンを押した。呆然としたようにテレビににじり寄り、画面に触れる。

この景色には見覚えがある、という。女性の背後には湾が一望できるが、いやに特徴的な形だと思う以外、私には思い当たるものがなかった。

「地元ですか？　随分と見晴らしがいいようですけど」

「……」

「先輩？」

無言のまま彼が映像を再生すると、女性が背後へ身を投げるように倒れた。カメラは動かないまま、女性の姿が向こう側へと消える。崖になっているのか、それともすぐ下で誰かが受け止めているのか。芝居なのだとしたら、実に生々しい演技だと背筋が冷たくなった。

ノイズが酷い。ざりざりと爪を立てるような不快な音が、六畳の部屋に響く。場面が暗転したかと思うと、今度は白装束を着た男性が同じように顔に袋をかぶせられて立っていた。衣服のあちこちに赤く血が滲んでいるように見える。肩で激しく息をしているのが、これだけ離れていてもよく分かった。

同じように男が向こう側へと倒れて消える。そうしてまた、場面が暗転した。

「何なんだ、これ」

同じことがさらに七度、つまり数えて九人が身を投げて消えた。セリフもなく、解説もない。これが映画なのだとしたら作品とは呼べないだろう。だが、何かの記録映像なのだとしたら、どういう意図があるのか気になった。

私はとにかく起きていることを文章にするのに手一杯だったが、先輩は食い入るように画面を見ている。余りにも近くからテレビを眺めるので、後ろから見えないと何度か声を掛けなければならない程だった。

十人目は、袋を頭に被っていなかった。くたびれたスーツにメガネを掛けた、背の曲がった男性で年齢は還暦を迎える頃だろうか。男性は上着の内側から小刀のようなものを取り出すと、鞘《さや》を投げ払って両手で逆刃《さかば》に構えた。そして、勢いよく腹に突き立てると、苦しげにしゃがみ込んでのたうつ。それから芋虫のようにもがいていたが、やがてそれさえもしなくなってしまった。

ぶつり、と音がする。

場面が暗転し、夜の波止場に人影が五つ立っていた。全員が袋を被り、微動だにしない。早回しで映像を送っていくと、そのまま四分ほど同じ映像が続き、ノイズとともに場面が暗転した。

その後に映像はなし。

言いようのない後味の悪さに、私達は暫《しばら》く無言だった。いつの間にか外はすっかり暗くなっており、雨まで降り始めている。

無感情な音を立てて、ビデオテープがデッキから吐き出された。

テープを取り出した先輩は強張った表情のまま、何も言わない。私は先輩に奇妙な内容について話したいと思う反面、それを口にするのはどうしても憚《はばか》られた。何だか酷く恐ろしいものの鼻先にいるような、そんな気がしたからだ。漠然とした、言葉にできない悪い予感。

先輩は無言で私からメモを取り上げると、ビデオのラベルに何かを書き込み、メモとともにケースに差し込んでビデオの山へと積み上げた。

「タイトル、何て付けたんです？」

そう訊くと、知らなくていいよ、と先輩はそっけなく応《こた》えて、新しいビデオを手に取る。

その後は別にこれといったものもなく、全てのビデオを鑑賞し終えてアルバイトは終わった。全部で四十本近いビデオに目を通したはずだ。特に力仕事をした訳でもないのに、何故か酷く身体が疲れていた。眼球の奥が滲むように痛んだ。

「俺、もうこの手のバイトはしないわ」

先輩が青ざめた顔でそう言ってドアの鍵を掛ける。私も全く同じ思いだった。割のいいバイトだとは思うが、健全ではない。

駅への道中、帰りの電車の中でも私達はろくに会話もしなかった。いつも立ち寄るアーケードの中のカレー屋に入る気にすらなれず、泥のように重たい手足を懸命に動かす。

そうして、どうにか家へと帰り着くとベッドへ倒れこむように横になり、夢も見ずに眠った。

三日後、銀行の口座を確認すると十万円が振り込まれていた。聞かされていた額よりも倍以上多い。流石《さすが》に不安になり、先輩へ連絡を取ってみるとボーナスとのことだった。聞けば、探し物が見つかったという。

一瞬、それはあの奇妙な映像のビデオのことか訊ねようとして、やめた。

翌日、居酒屋のバイトへ行くと先輩の姿がない。板長の機嫌が悪く、その日の仕事は酷く忙しかった。先輩が無断欠勤をするのは初めてのことだったが、珍しいこともあるものだ。

その程度にしか思わなかった。

しかし、それきり先輩の行方《ゆくえ》は、ようとして分からなくなる。

携帯に電話しても連絡が付かない。アパートにもおらず、大学にも来ていないようで、研究室の先輩からも所在を訊ねられたが何も答えられなかった。

結局、先輩とはそれきり。どうやら大学は中退したらしいが、かといって実家に戻った様子もなく、何処で何をしているのか知る者もいない。

何か手掛かりはないものかと、一度だけ件《くだん》の大分市内にあるアパートを訪ねてみたりもしたが、既に別の人が住んでいたため、何一つ分からなかった。

大学を卒業した私は大分を離れて福岡で就職をし、大勢の人が行き交う大きな駅を毎日利用するようになった。もしかしたら、先輩とばったり会えはしないだろうかと期待したが、今のところ再会はできていない。

未だに何かの拍子に、あの奇妙なビデオのことを思い出すこともあるが、深く考えないようにしている。

先輩もきっと今頃、何処かで幸せに暮らしているのだと信じている。大きくもなく、小さいでもない地方都市で何の変哲もない日常を送っているはずだ。

数珠《じゅず》つなぎに続く死を記録した、あのビデオのことも忘れて。平和に、平穏に生きている。

きっと、そうに違いない。

そうでなくては、困るのだ。

例の箱

住倉カオス

出版社勤務時代、その会社では〝例の箱〟と呼ばれ担当者に代々引き継がれている物があった。

その〝箱〟はよくある書類用の段ボール箱で、数にして四つ。

一つ目の箱の側面には「1995・8〜」と書かれていたので、僕が在籍していた二〇〇四年頃には既に運用されて十年近く経っていたことになる。その箱を開けると中には封筒が数多く入っており、殆どの封書の中身は、

・心霊や超常現象の体験談
・誰かへの呪詛
・心霊写真鑑定の依頼

などであった。他には、古くボロボロになった紙垂《しで》（神社などで見かけるしめ縄や玉串に付いている紙の飾り）、油紙に包まれた小さな日本人形。ビニールに包まれた呪いの藁人形らしき物などが入っていた。

当時の担当者はもう退社しており、詳しい謂《いわ》れが不明の物がほとんどだった。

「1998・8〜」と書かれた二つ目の箱からは少し内容が変わり、手紙の他にビデオテープが増えていた。8ミリフィルムのロール、VHS、8ミリビデオ、ベータ、などである。他にはインスタントカメラの本体や音声のカセットテープなども入っていたと記憶している。

三つ目の箱には「2004年9月〜」と書かれていたが、この字は当時僕と組んでよく取材していた女性編集者の伊藤さん（仮名）のものだった。

箱の中身は、封筒の他に、8ミリビデオカメラ本体、写真の束、ネガフィルム、小型のカセットレコーダー本体、女性のおさげの髪、手鏡、古びたロープなどが詰められていた。

四つ目の箱は「2007年8月〜」。これは僕の字だった。

中身はビニールに入ったキャラクターのぬいぐるみ（これは腹が裂けていた）、絵の入った筒状のケースが何本か、ガムテープで巻かれたナタ、雛人形の男雛など比較的大きな物が入っていた。

各年代ごとに箱は分かれているが、年月を経るごとに年代というより、結局ジャンルごとの分類になっていったように思う。

僕がいたその出版社ではサブカル系、アウトロー系、そして勿論心霊・オカルト系の雑誌を数多く出していたので、そのような〝不穏な〟物が読者から送られてくることがままあった。

一番よくあるのは心霊写真だった。読者層が若いストリートファッション誌などにもそういった物が時折届いていたそうで、夏の号の読者ページでよくホラー特集などと銘打って使っていた。だがシーズンが終わるとその写真は僕らのような年中〝心霊〟を扱っている人間に回ってくるのだった。

二〇〇〇年代に入り、オカルト専門誌やDVD付きの心霊ムック本が創刊されると、郵便物や、取材時に集めた品は増え続けた。

その中からいくつかの品の思い出話をしてみたい。

履歴書

僕がいた頃の編集者にJという三十代後半の男がいた。とある成人向け雑誌を一人で作っており、肩書きは編集長であった。一見腰が低いのだが、不満があると激昂する面を持っており、彼の下では部下が居着かなかった。

僕も何度か仕事で一緒になったことがある。とある撮影の打ち合わせ時、何気なく彼の顔を見たときに、その目から白目が消え全部が黒目に見えた。恐らく目の錯覚であろうとは思うが僕にはそれが「サメの目」に見え、以降彼には薄気味悪さを感じていた。実はその頃の僕は彼が「薬物中毒ではないか？」という疑いを持っていた。激昂しやすい彼の性格や宙を見ながら独り言を言う様子が、薬物中毒の患者を思わせたからだった。

ある日のことである。僕がビルの一階の会議室の前を通りかかると、中から怒号が聞こえてきた。

「おまえ人の時間を何だと思ってやがるんだよ！　この糞が！　この××が！」

Jの声である。その場にいた全員が顔を見合わせた。

同時に会議室のドアが勢いよく開き、中からスーツ姿の青年が飛び出してきた。身長はかなり高く、一九〇センチ近くあっただろうか。顔は青白く前髪が目まで覆っていた。

小走りにビルの裏口に駆け寄った彼だったが、ドアのロックの開け方が分からなかったようで、僕が開けてあげると、彼は泣きじゃくりながら出ていった。会議室のドアの前には憤慨したJが立っており、ロビーにいた数人に向かって聞こえるように、

「最近の若い奴は面接に来てその雑誌も読んでねえのかよ！　親の顔が見たいわ」

となじっていたが、それに応える人間は誰もいなかった。

後で聞いたことだが、泣きながら出ていったスーツの人物は、Ｊの雑誌の社員募集で来た面接希望者だった。

その場にいた全員がＪに呆れ返っていた。

雑誌編集者には夜型が多いが、その中でもＪは特に遅く、いつも深夜まで会社に残っていた。Ｊのデスクの島は他の部署から少し離れた窓際で、四つのデスクを一人で占有し段ボールを積み上げ、自らを他の社員から隔離しているように見えた。

怒号騒ぎから一週間ほどした頃だった。デザイナーからの戻しを深夜まで待っていた僕はどうやらうたた寝をしてしまっていたようだった。

目が覚め周りを見渡すと明かりの消えている部署もあり、殆どの人間が帰宅していた。だがＪはまだ残っていた。彼は僕に気付いていないようで、下を向き何かを眺めていた。見ると彼はデスクの引き出しを開けて中を見つめているところだった。そして小声でブツブツと独り言を言っていたが、何と言っているかは聞こえない。暫くすると引き出しの中にある物を指でつまみ、それを口に運んだ。スナック菓子か何かだろうか？

だが小さい物なのか、何をつまんでいるかまでは見えなかった。

でも相当硬い物なのだろう。「カリッ」と歯で何かを齧っている高い硬い音がしていた。

彼は僕に気付かずに暫くその行為を続けていたが、僕が体勢を変たせいで僕が座っていた椅子がきしんで鳴った。

「バンっ」

彼はすぐに引き出しを力いっぱい閉め、僕のほうには一度も見向きもせずにパソコンのキーボードをカタカタと叩き始めた。

それを見ていた僕は鳥肌が立つような感覚を覚え、デザインを待たずにそのまま逃げるように帰宅した。


二週間ほど経った頃だ。その日はまだ夕方でオフィスには多くの人間が残っていた。

突然、

「ガタッ」

椅子が倒れる音がして、見るとJが床に尻もちをついていた。何か様子がおかしい。

「あいつはだいたい××が分かってないんだ……××なら××のしきたりがあるんだからさ……××のことは××しか分かんねんだよ××のたまが××したんだから……」

床から起き上がろうともせず、Jは俯きながらブツブツ言っている。

上半身はゆっくり円を描くようにユラユラ揺れだした。

普段から薬物中毒を疑っていた僕はそう思った。

(禁断症状だ……)

同僚が肩に手を置き声を掛けてもJは前後不覚のままブツブツ言ったり、時々甲高い声で「キィッ」っと声を上げたりしていた。

全く正気を失っている。

違う同僚が「救急車呼びますか?」と言ったときに僕は、

「薬物かもしんないから……ちょっと様子見たほうがいいのかも……」

と答えた。そのときにベテラン編集者のSさんが、何かの様子を察したのか上のフロアから降りてきた。ことのあらましを聞いた彼は、

「とりあえずJの持ち物を見てみよう」

と言って手早く彼の鞄の中を探ると、黒い包みを見つけた。広げると中から注射器のような筒が出てきた。

僕は(やはり……)と思ったのだが、Sさんは意外なことを言った。

「これ○○病の薬ぽいから、家の人に電話掛けて。それから救急車呼んで」

Sさんの指示で皆は動いた。

後になって分かるのだが、このときのSさんの判断は実に的確だった。彼も同じ持病を持っていたために気付いたそうである。

Jは病院に運ばれた。持病の内科薬と強い向精神薬を自己判断で摂取したために、前後不覚になったと伝え聞いたのは翌日になってからだった。僕は自分の不明を恥じるしかなかった。

話を戻す。救急車を呼んだ後、SさんはJの鞄と靴を持つと僕に、

「保険証が財布にないから後で机とか探しといてくれる?」

と指示をくれた。

僕は彼の指示通りにデスクの引き出しを開けると、あるモノを目にしてギョッとした。

そこには履歴書らしき書類が広げておかれていた。

「○松○○」やはり誰かの履歴書のようだが、異様なのはそこに貼られた写真だった。男性の顔らしき写真で、それが針のような物で表面が引っかかれていた。特に目の部分が酷く傷ついている。

履歴書の上には切られた人の爪が大量に撒かれていた。爪切りで切った物を長い期間溜めていたような感じだ。

僕はおぞましさに鳥肌が立ったが今は保険証を探さなければならない。

隣の小さな引き出しの中で僕は保険証を見つけることができ、病院に行く同僚にそれを託した。

皆疲れたのかその夜の九時くらいにはフロアにはほぼ人は残っていなかった。

僕はJのデスクに行くと、改めて彼の引き出しを開けた。

広げられた履歴書。目が削られた顔写真。大量の人の爪。

爪はカレースプーン山盛りほどと例えればイメージが付くだろうか。かなり深爪しているのか、一部黒ずんだ血が付いているような物もあった。

あの晩、Jがコリコリと齧っていた物はこの爪だったのだろうか？

この写真は、以前Jが追い出した面接に来ていた青年ではないだろうか？

眺めていると気分が悪くなったが、あることに気が付いた。

一度そう思うと写真は、あの髪で目が隠れた青年の顔としか思えなくなった。

そうするとこの写真を傷つけたのはJだろうか？

Jはそこまでするほどこの青年に腹を立てていたのだろうか？

そしてこの爪は果たしてJの物だろうか？

僕は何だか納得がいかなかった。この「○松○○」という青年は何者だろうか？

翌朝に、履歴書を最初に受け取ったであろう人事部に彼のことを訊いてみることにした。

すると意外なことに「○松○○」なる人物の履歴書は人事部が保管していた。

面接した履歴書は一定期間人事部が保管し、採用されなかった物はシュレッダーで破棄処分するのだそうだ。そのため先日の面接で落ちた「○松○○」の履歴書も人事部が回収していた。

僕は改めてJの引き出しを探ると、履歴書の下に封筒を見つけた。差出人は「○松○○」宛名はJ個人になっていた。封筒に書かれた文字は筆跡を誤魔化す意図からか引っ掻いたかのような文字。インクは黒茶色の汚い色。

気味が悪かったが、封筒の中を覗くと何かゴミのような物が入っている。逆さに振ると「カサッ」と音がして、やはり切られた爪が幾つか落ちてきた。

ということはこの爪は「○松○○」の物なのだろうか？

思いついて履歴書を明かりに透かすと、写真の裏に何かもやもやとした物があった。カッターナイフで少しずつ写真を剥がしていくと、写真の下には人の髪の毛らしき物が円状に巻いて糊で固められていた。

果たして、この履歴書は○松○○本人が作ったものなのか？　そうだとして彼は何故こんな物をJに送りつけたのだろうか？

人は何を以《もっ》て人を恨むのか。ある人にとっては「そんなどうでもいいこと」でも別の人間にとっては「許されざること」になる。

その恨みの思いは言葉となり行動となり呪いとなる。呪いは呪詛となり形を得る。

呪う者と呪われる者は関係性が深ければ深いほどその呪いは強くなる。

丑の刻参りなど呪術の場合、通常は呪われる対象の持ち物や身体の一部を呪術者が手に入れるのが常道である。だがしかし、呪術者の身体の一部を呪いの対象者に近づけることができれば……更に体内に取り込ませることができれば……呪術者と対象者は深く結ばれるのではないだろうか？
○松は式神として自分の履歴書をJに送ったのであろうと僕は考える。
結局Jは暫くして会社を辞めた。

Jのデスクにあった履歴書と爪は、封筒ごと回収した。何も起きていなければ、今も三番目の〝例の箱〟に入っているはずである。

解けぬ縄

〝呪い〟という言葉を辞書（岩波書店刊・広辞苑第七版）で引くと、『怨みのある人に禍《わざわい》があるように神仏に祈る』『憎く思う人間が良い運命をたどらないよう念じる』とある。

かたや〝祟り〟と調べると、『神仏・怨霊・もののけなどが禍をもたらす。罰を与える』とある。

つまり〝呪い〟とは生きた人間。〝祟り〟とは死んだ人間の死霊・妖怪・神仏などがもたらすものと考えられる。

ある日僕が勤務先に出社すると、僕のデスクの上に一匹の蛇がとぐろを巻いてこちらを見ていた。

いや、勿論実際には目の錯覚で、会社にそんなモノなどいるはずもなかったのだが、確かに一瞬そう見えて僕は身体が硬直した。

だがすぐにそれが、蛇ではなく古く薄汚れたロープだったことに気付く。

素材はナイロンか何かの化繊だろう。太さは一センチ弱。元は白かったのだろうが、茶色い染みが全体的につき、まだら模様になっていた。結び目が幾つかあり、所々に何かのゴミが付いている。木の葉などのクズだろうか。先端はほぐれている。

汚れてはいるが単なるロープである。だが先ほどの蛇のイメージのせいか、それを見ていると嫌な〝気〟しか感じなかった。霊感など全くないはずの僕であるが。

よく見るとロープの横にメモ用紙があった。見るとそこには、

「連絡ください　中島　内線０６７」

とあった。時々僕が撮影を手伝う実話雑誌の編集者だ。

二〇〇〇年代前半の実話系雑誌界にはちょっとした〝樹海ブーム〟があった。樹海とは勿論富士の青木ヶ原樹海。一般的に〝自殺の名所〟のイメージがある場所である。その頃の雑誌を作っていた感覚と、今のコンプライアンス（法令遵守）の価値観には大きな差がある。

今なら、コンビニなどで売っている雑誌で誌面に死体が写っているなど、たとえ写真にモザイクなどの処理をされていたとて考えられないが、当時は〝樹海で自殺者を発見！〟などの記事がよくあり、しかもそれが売れていたのだ（八〇年代後半の写真週刊誌にはモザイクの処理さえなかった物もあった）。

その頃、記事のネタがなくなると、

「とりあえず樹海行ってなんか撮ってこい！」

と上司に指示されることが半年に一度くらいはあった。

話を戻す。内線ではなく、僕は直接中島のデスクに顔を出した。

中島というのは僕と同い年くらいの男性編集者である。

彼はライター気質なところがあり、人を使うよりまず自分が現場に行くことを好むタイプだった。

「ちょっと、変な物置いてかないでよ」

僕が声を掛けると中島はパソコンから顔を起こして振り返った。彼の首にはグレーのネックウォーマーが巻かれていた。今は九月。まだ残暑が厳しい季節であった。

「こっちで」

彼に促されて会議室に入ると、彼は手にエアパッキンに包まれた小さな包みを持って僕の正面に座った。

「これ戻ってきたんだよ」

と言いながら包みを開けると、小さなビデオカメラを取り出した。その汚れた外見に僕は見覚えがあった。

「それ、警察に届けたんじゃなかったっけ？」

「遺失物は三か月経つと拾い主がもらえるんだよ」

彼は少し得意げに僕に告げた。

中島は数か月前に、特集ページを作るために青木ヶ原樹海に出かけていた。

そこで自殺者のイメージ写真を撮るために、首吊りに向いていそうな木を探していた。

首吊りの名所のようなイメージがある樹海ではあるが、実は木々はヒノキなどの針葉樹の高木が多く、紐をかけれそうな枝はなかなか見つからない。

発見される首吊り遺体の多くが、倒れた木の幹に無理矢理紐を掛けているのだ。

簡単には条件にあった木が見つからない代わりに、そのような木があった場合、周辺に多くの遺留品や遺骨がある場合が多い。

山手線内ほどの広い樹海内ではあるが、実は遺体の発見現場は限られているとも言える。

中島は以前の取材で、他の大木にもたれて斜めに倒れている大きな木を見つけた。

（これなら首吊りにおあつらえ向きだ……）

そう考えた彼は、倒木に登って、ロープを自分の首に掛けるイメージ写真を撮ろうと考えた。下にカメラマンを待機させ、自分がモデルとなり彼は登った。

ロープをつかみ、それを首に掛けるポーズを取ると何だか頭がぼうっとしてきた。

（あぁ、このままロープを掛けて飛び出せば色々楽になるんだなぁ……。それもいいなぁ）

そんな気になってきたという。

もしロープを首に掛けていたら、倒木の表面は苔だらけでつるつるしている。滑りでもしたらただでは済まなかっただろう。

頭がぼうっとしていた彼だが、下のカメラマンに声を掛けられて正気に戻った。

カメラマンが地面に落ちていた8ミリビデオカメラを見つけたのだ。中島はそのビデオを会社に持ち帰り、中のテープを確認した。すると、そこには中年男性がその倒木に登り、正にそこで首を吊った映像が残っていたのだ（このテープの詳細は拙著『百万人の恐い話〝呪海に蠢く〟に記したことがある）。

倫理的に警察に届ける必要があるだろうと話し合い、彼は警察に届けたはずだったのだが……。

「そう、落とし物としてちゃんと届けたよ」

彼はカメラを弄りながらそう言った。カメラは完全に壊れていた。単なる落とし物として届けた場合、警察では中身のテープの確認などわざわざしないだろう。

遺失物は、三か月間落とし主が見つからなければ拾い主の物になる。これで晴れてカメラは彼の所有物になった訳だ。

「あぁ……、でこれは何なのよ？」

僕はビニールに入ったロープをテーブルに置いた。

「見覚えあるでしょ？」

彼が言った途端このロープの素性が分かった。

彼が樹海で首吊りのイメージ写真を撮ろうとしたとき、実はロープを持参するのを忘れていた。だが何故かそこにはおあつらえ向きのロープが既に用意されていた。彼はそれに何の疑問も抱かずにロープを首に掛けようとしていたのだ。

果たして、この僕の目の前にあるロープが恐らくそれであろう。

「持って帰ってきてたんだ……」

僕の問いかけには答えずに、彼は首のネックウォーマーを外した。するとそこには包帯が更に巻かれていた。その包帯も外すと湿布が貼ってあり、彼はそれも捲った。すると……、彼の首の周りには縞模様の紐状の赤い腫れがぐるりと一周していた。

「病院行ってるんだけどさ、不思議と痛みはないんだよ」

見た感じはかなり痛々しかったが彼は少し笑みを浮かべながら言った。

「見えるでしょ？」

恐らく（首吊りの痕に）見えるでしょ？　ということだろう。

「これ、カメラが警察から返ってきた日から出てきたのよ」

僕が何も答えずにいると彼はこう続けた。

「これさ、人にも伝染《うつ》るかな？　っていうより飛ばせるかな？」

何を言っているか、僕は瞬時には分からなかった。

「これさ、例えばロープを切って誰かに渡したらどうなるかな？」

「え？　どういうこと？」

僕が聞き返すと、彼は笑ってこう言った。

「いや、冗談よぅ。これさ、何か使う時言ってよ。貸すから」

僕は（誌面で）使うときに、と捉えたが、彼の真意は分からなかった。


暫く後、彼の姿をあまり見かけなくなった。噂では辞める前の有給休暇の消化中ではないかとも聞いた。

そんなある日、エレベーターである女性編集者と乗り合わせた。

僕は彼女の後ろに立っていたのだが、彼女は季節に合わないネックウォーマーを首に巻いていた。

（そういえば彼女は最近結婚したんだったな……）と考えていた時に、ふとある噂を思い出した。

彼女はもともと中島と付き合っていたが、他社の編集者と飲み屋で知り合い、そちらに乗り換えた。その際中島とはかなり揉めたらしいと。

彼女の不自然なネックウォーマーを見ながら僕はこんな言葉を考えていた。

死者が与える禍が〝祟り〟

人が禍あれと祈るのが〝呪い〟

理不尽な呪い

夜行列車

都内にお住まいの、Tさんという男性から聞いたお話。

今から十年ちょっと前、彼はとある風俗街の中にある一軒の風俗店でボーイをやっていた。大学を中退してフリーターとなり、パチスロや麻雀で日銭を使い切る生活の中で出会ったしょうもない連中とつるんでいるうちに、いつの間にか三十歳を超えていた。

今更まともな就職は無理だろうし、ギャンブルで食っていく能力もないと悟った彼は、求人誌の男性向け高収入求人の一つに目を留めた。

『幹部候補大募集。店長になれば月給六十万円』の見出しに釣られて面接を受けに行き、そのまま住み込みで採用が決まったのが、その風俗店だった。

いざ働いてみると、周りの男子従業員は彼より遥かに年上のオッサンばかりで、やる気も元気もない。唯一彼より年下だったのは社長の息子で、これまた全然働かないで指示だけを出すなんちゃって店長だった。

それまでバイトとギャンブルでウダウダしていた彼よりも、更にやる気のない連中の吹き溜まりのような場所で、それなりに頑張って働いていたらあっという間に主任になった。

入社して半年も経つ頃には、社長の息子は店を彼に任せてキャバクラへ通うようになり、その日の売り上げをまとめて社長に報告を入れるのは彼の仕事となった。主任となったことで給料は増えたが、毎日十二時間以上働く生活で彼の疲労は溜まるばかりだった。


深夜、誰もいない店内で現金を金庫にしまい、鍵を掛けて店を出る。

ネオンの消えた風俗街は廃墟のような有様で、子供の頃から暗闇が苦手だった彼は、街灯の灯る大きな通りへと急ぐ。すれ違うのは閉店ギリギリまで粘った客や、仕事を終えて帰宅する嬢達、そしてそのどちらでもない、生きてすらいないナニか。

子供の頃から時折変なモノを見てきた彼は、すっかりソレらを無視することに慣れてはいたが、それでも怖いものは怖いので、大通りから路地を入った裏道にある店に就職してしまったことを少し後悔していた。

ここは風俗街。

様々な情念が溜まりやすい場所であるのは分かりきっている。

それでもそこに就職したのは、他に取れる選択肢が少なかったのもあるが、彼にとってソレらは無視さえすれば何の害もない、蚊とんぼみたいな存在だったからだ。

それまで悪霊なんか見たこともなかったし、本当にそんなものがいるのかも分からない。

様々な場所に薄ぼんやりといるソレらを怖いとは思うものの、気づかぬフリをすることでそれまで何の影響も受けたことはなかった。

彼の店がある風俗街は最寄りの駅まで遠く、風俗街を利用する客はタクシーで店までやってくるか、店が用意する乗り合いの送迎車を利用するのが常だった。

高級店は送迎車にアルファードやクラウンなどの高級車を用意して客を満足させ、大衆向けの安いお店はコンパクトカーを使い回す。そして彼のお店は高級と大衆向けの間の中級店で、それなりのグレードの古びた送迎車を使っていた。

ただ、彼が入社して半年の間に、店の送迎車は五回事故を起こしていた。

電柱にぶつけたり歩行者を轢きそうになったり、それまで怪我人が出ていないのが不思議なくらい事故が頻発していた。送迎車はあちこちに凹みや擦った跡があり、彼が入店する前からよく事故っていたと先輩から聞いていた。

誰か特定の従業員が事故を起こす訳ではない。皆それなりに運転技術もあるし、別段運転が荒い訳でもない。にも拘らず、それまでゴールド免許だったオッサンまで送迎中に事故を起こしてしまったという。

その日も店の前の電柱にぶつかる事故を起こし、送迎車に乗っていた客がカンカンに怒って店長を出せと店頭で怒鳴った。

なんちゃって店長は彼に対応を押し付け、彼は平身低頭で謝り続け、何とか穏便に済ませてくれるよう頼み込んだ。

事故を起こした従業員は動揺しているようで暫く送迎は任せられない。

他の従業員が忙しいときは彼も送迎に駆り出されることが増えていった。

「何かさあ、送迎車乗りたくないからタクシー代出してくんない？」

そんなことを言う客もいて、彼も他の従業員達も、うっすらと送迎車に何かあるのではと感じ始めていた。送迎車を買い変えてくれないかと社長に掛け合ってみたものの、それまでの事故の多さから社長は従業員が車を大切に扱っていないと判断しており、買い替える提案はあっさりと却下された。

彼はそれまで送迎中に事故を起こしたことはなかったが、何度か危ないと思うことはあった。

その日も最寄り駅まで客を送り届けて、彼一人で店へと車を走らせていた。

店へと向かう曲がり角。従業員がよくぶつけている電信柱が見えてくる。

チラッと電信柱を目視して視線を前に戻すと、車の目前の路上に白いナニかが見えた。

猫でも飛び出してきたのかと思ったがサイズが大きい。

一瞬の状況判断の間に彼にはソレが何なのかはっきりと見えた。

白骨だった。

明らかな人間の骸骨が身体を丸めるようにして路上に横たわっていた。

「……！」

咄嗟に急ハンドルを切り、骸骨を躱《かわ》す。

ビビビー！　とクラクションが鳴らされる。

反対車線に飛び出してしまっていた彼は迫ってくる対向車に気が付いた。

必死の形相でクラクションを鳴らす対向車の運転手と目が合った。

何も考えず再び急ハンドルで元の車線に戻す。骸骨を踏みつけるかもしれないと思ったが死ぬよりはマシだと、躊躇《ためら》わずにハンドルを切った。

間一髪のところで対向車をやり過ごし、彼は車を路肩に停めた。

降りて確認するも骸骨は何処にもない。

踏みつけた跡もない。

何もなかった。

対向車はクラクションを鳴らし続けながら走り去っていった。

バクバクと鳴る心臓の音に気が付いて、彼は自分が震えているのが分かった。

「……」

死ぬところだった。

お客を乗せていたら今のように回避できたとしても大変な騒ぎになっただろう。

何だったんだ？

彼は周辺の路上をくまなく見て回り、やはり何もないことしか分からず車に戻った。

十分に時間を掛けて気を落ち着かせる。

店から早く戻ってこいと催促されたが、震える身体が落ち着くまでは運転を再開する気になれなかった。

結局、他の従業員を呼んで運転を代わってもらい、彼は暫く車に乗らなかった。

またあるとき、彼はハンドルを握る手が一つ多いことに気が付いて心臓が止まりそうになった。

骸骨を見た件から十日ほど経っており、彼も落ち着いて運転できるようになっていた。

油断した訳ではない。前方や車の周囲に十分に集中していたからこそ、ハンドルに添えた手元までは注視していなかった。

ふと違和感を覚えてハンドルを握っている自分の手を見ると、自分の右手のすぐ下に誰かの手があった。

自分の右腕と同じように、脇の下辺りから青白い腕が伸びてハンドルを握っている。

それに気付いた途端、ハンドルが右側にクイっと引っ張られた。

車は反対車線へと進行方向を変える。

彼は無理矢理ハンドルを逆方向に切り、進路を元に戻す。

それほど大した力ではなかったのが幸いして、大きく反対車線に飛び出すことなく車線を維持することができた。

ホッとしたもののハンドルを握る三本目の手は未だにクイッ、クイッとハンドルを右に左に回そうとする。

今、後部座席にはお客が乗っている。この状況で事故ればただでは済まない。

彼は車を止めるかどうか迷ったが、できる限りスピードを落としてハンドルをガッチリ握り、絶対に事故るものかと必死の思いでお客を店まで送り届けた。

三本目の手が恐ろしかったが、それよりも事故を起こす恐怖に気持ちを集中して必死に運転したという。

店前に到着すると三本目の手は消えていた。

お客を降ろして店内へと案内し、戻って車を駐車場へと移動させる。

駐車場までの数秒間、一人きりの車内が恐ろしかった。

骸骨を見た日から十日ほど。

今度は自分を事故らせようとしている……そう感じて全身に鳥肌が立った。

車だ。

間違いない。

この車は俺を事故らせようとしている。

それから彼は、どんなに人手が足りなくても無理を言って他の従業員に送迎を代わってもらうようになった。

代わりに新人がやるような仕事を引き受けてでも、頑なに送迎車に乗ることを拒否した。


怪異はそれだけに留まらなかった。

閉店後の深夜、一人で店の戸締まりチェックをしていると階段の上に人の気配がする。

全て消していた電気を点けて階段を見上げる。

誰もいない。

が、微かに声が聞こえる。楽しそうな女性の声。

まさか店の女の子が残っていたのかと声を掛けてみる。

「誰かいる？」

たまに店の女の子が終電を逃して店に泊まることはあったので、その報告を聞いていなかっただけかと思ったが、同時に非常に恐ろしかった。

誰かいるなら電気くらい点けているだろう。

「誰かいるー？」

再び声を掛けるも返事はない。先ほどの楽しげな声も聞こえない。

「……」

怖い。

今までうっすらとナニかの影を見たことはあったが声を聞いたことなどない。

自分のささやかな霊感では霊の姿をはっきり見ることもないし、ましてや声など聞こえるはずがない。

そうは思うものの怖くて仕方がない。

あの骸骨や三本目の手ははっきりと見えていた。

今まで見えなかったものをはっきりと見てしまった。

その経験が不安を掻き立てる。見えるように、聞こえるようになってしまったのではないかという可能性が、思考を不安で黒く塗りつぶす。

冷や汗が頭のてっぺんから流れ落ちる。


だがもしも店の女の子だったら?

その可能性もゼロではない。

万が一にもこれが誰かの悪戯だったなら、ここで逃げてしまっては明日から店の笑い者になるのは目に見えている。半年で主任となり店を切り盛りしている彼を生意気に感じている女の子は少ないながらもいるだろう。特に彼よりも年上のお姉様には、彼を可愛がりつつも小馬鹿にしてからかう厄介なタイプの嬢もいる。

「……」

怖い。

けど、行くしかない。

彼は不安を気取られないよう大股で階段を上る。勢いで行ってしまおうと思っていた。

薄ぼんやりとしたナニかがいれば無視すれば良いと。

二階に上がり、個室のドアを片っ端から開けていく。

部屋の電気を点け、誰もいないことを確認してドアを閉める。

二階を確認し終えたら三階へ上がり、また全部屋を確認する。

結局、全ての部屋を確認しても誰もいなかった。

「……」

何もない。

何もないじゃないか。

フウと溜め息をついて三階の電気を消し、階段を下りる。

「……！」

今度は下のほうから笑い声が聞こえた。

確かに聞こえた。

「ありがとう！　またねー♪」

今度こそはっきりと聞こえた。
毎日何十回と聞いている、女の子がお客を送り出すときに言う最後の言葉。
特に指名の客に対する親密な感じの砕けた口調。
彼は自分の頭がおかしくなったのかと思った。
恐る恐る二階に下りる。ここには人の気配はない。
「……」
階段の上から一階を見下ろす。
見える範囲には誰もおらず、気配も感じない。
ゆっくりと階段を下りる。
冷や汗が背中を濡らしているのが分かる。
もう彼は誰かの悪戯なんて疑ってはいなかった。
一刻も早く、店から出る。施錠だけはしっかりして、電気なんか消さなくてもいいから
とにかく店を出る。それしか考えてはいなかった。
階段を下りるごとに一階の様子が見えてくる。
見える範囲が増えるごとに恐れが増してゆく。
「……」

最後の数段を下りきり、一階を見渡す。

誰もいない。上階からも気配はしない。

誰もいない、いつもの店内だった。

何も考えず鞄と上着を持って店から出る。忘れずに鍵を掛けて足早に大通りへ向かう。

街灯の立ち並ぶ通りに出たところで、ようやく彼は大きく息を吐いた。


翌日、彼は社長に直談判した。

絶対に何かあるからお祓いをしてくれと何度も何度も懇願した。

嬢達が頑張っているのにリピーターのお客がいまいち少ないのも、従業員が同じ車で事故を起こし続けるのも、絶対に何か原因があるはずだと。

若いなりに一生懸命働いていた彼のことをそれなりに信用していた社長は、店のテコ入れも必要かと彼の願いを聞き入れてくれた。店の外装や内装を修繕する予算を出してくれ、車の買い替えも了承してくれた。更には、社長の知り合いのツテを使って霊媒師を探してくれるという。

だが、店の状況の改善を待つ間にも、彼は次第に心と身体を病んでいった。長い勤務時間と反比例するように睡眠が不安定になり、寝不足と疲労で身体がボロボロになるにつれて心も疲弊していったのだ。

そしてとうとうそのときが来てしまった。

頑なに拒否し続けていたものの、どうしても人手が足りず送迎車に乗ることになった。久しぶりの送迎車に緊張しながら細心の注意を払って運転する。

お客を駅まで迎えに行くため車内は彼一人だった。

店前の狭い裏路地から大通りに出たところで彼は突然意識が飛んで、ハッと気が付いたら車はバスに突っ込んでいた。

周りには人だかりができており、すぐ目の前はバスの背面が覆っている。これまで見たこともないような近い距離でバスの背面を眺めた彼は、やっちまったと一瞬で理解した。

コンコンと窓が叩かれて顔を向けると、警察官が眉間に皺を寄せて彼を見ていた。

車から出るように促されてそれに従う。

言われるがままに免許証を提示して、質問に答える。

どうしてバスに追突したのかと訊かれて彼は「前を見ていなかった」と答えるしかなかった。意識が飛んだようで気が付いたらバスに突っ込んでいた、などと言えるはずがない。

正直に言って過労運転が認定されれば一発で免停になるだろう。

幸いなことに怪我人はおらず、バス会社とも話し合いで穏便に解決できる程度の事故だったため、その場での事情聴取で解放された。

ひたすらに説明と謝罪を繰り返してバス会社や警察とのやりとりを行い、従業員や社長にも謝り倒して事故の件が落ち着く頃には、彼は完全に心を病んでいた。

イライラしつつも元気がなく、とてもまともに接客ができる状態ではなかったという。

変わり果てた彼の様子に心配した社長が現場で仕事を手伝うようになり、社長が現場にいることで従業員もなんちゃって店長も真面目に働くようになった。

社長が彼を見放さなかったことで、店は彼の様子をフォローしつつそれまで通りの営業を続けることができた。どんよりとした店内の空気や、送迎車に乗りたがらない客の様子を見た社長は、彼の言っていたことをようやく実感できたらしく、一日も早くお祓いをするべく霊媒師を手配した。


翌週、片岡という霊媒師のおばちゃんが荷物持ちの男性とともに店を訪れた。

六十代後半だろう片岡さんと四十代前半と思しき荷物持ちの男性。

彼はおばちゃんと男性は親子だと思ったが、訊いてみると師匠と弟子の関係ということだった。

お弟子さんから酒と塩を受け取って部屋に撒き、それから両手で印を結んでホニャラホニヤラと祝詞《のりと》を唱える片岡さん。

彼は社長となんちゃって店長とともに、片岡さんがお祓いする現場に立ち会っていた。

一階の玄関や待合室から始まって、全部屋を同じようにお祓いしていく。

何事もなくお祓いが終わる部屋が多かったが、三階の一部屋だけ様子が違った。

祝詞を唱え終えた片岡さんが社長に向き直った。

「この部屋を気に入って使っていた女の子がいたでしょう？　多分二十年くらい前。ものすごい人気だった女の子」

彼もなんちゃって店長も何のことか分からなかった。

社長は「はあ」と言ってから少し考えていたが、「ああ！」と何かを思い出した。

「いましたね。私がボーイだった頃ですが」

社長の言葉に片岡さんが満足そうに頷いた。

「その女の子の生霊がここに来てる。多分その子にとってこのお店はとても大切な思い出になってるのね」

「……と言いますと……」

社長は恐る恐るといった様子で訊いた。

生霊と聞いて、この店の不幸の原因がそれなのかと考えたのだろう。

「このお店で人生を助けられて、今は幸せに暮らしてる。このお店を思い出すたびにその子の生霊がここに来る。Tさん（彼のこと）が聞いた女性の声は多分その子の生霊だね」

「そうですか……だとしたら何で事故なんか……その……」

社長の疑問に片岡さんは首を振った。

「悪さをしてるのはその生霊じゃないね。もっと他に原因があるはず」

その言葉に社長はまた「はあ」と言った。

「その女の子のことを思い出せますか？」

片岡さんの質問に社長は少し目を閉じて思い出そうとする。

「ユリ……ユキ……ユリです……ユリさん、そんな名前だったと思いますが、この部屋でしか接客したがらない女の子でしたね。ユリさんが出勤するときはこの部屋を空けておかないといけないから大変でした」

ぼんやりと思い出しながら社長は続けた。

「怒るとものすごく怖い女の子で、私らは勿論その当時の社長もユリさんの機嫌を損ねるとえらい剣幕で怒られてましたね。最近はそうでもないんですが、昔はそういうプロの風俗嬢がまだいましたから」

昔を振り返って語る社長は少し楽しそうだったという。

「家の事情か何かで借金を抱えていて、十年経たないくらいで全部返済して、貯金も沢山できたって言ってましたね。お客さんと結婚して店を辞めるときに、私ら全員に寿司を御馳走してくれたんですよ」

その後も社長がユリさんのことを語って聞かせるのを片岡さんは頷きながら聞いていた。

そして「ほうら、来た来た」と言った。

その言葉に彼は背筋が寒くなったという。

部屋を見渡してみると確かに薄ぼんやりとしたナニかが部屋の隅に見える。

生霊が来た。

あのとき、深夜の誰もいない店内で聞いた笑い声。

この店に良い思い出を持っているといっても怖いものは怖い。

社長も黙ってしまった。

昔話を語って多少は和んだものの、やはり霊がこの場に来たと言われては穏やかではない。普段なら無視して避けるソレを、彼は初めて注意深く見てみたという。

だがやはり彼にはぼんやりとしたナニかとしか分からなかった。

片岡さんはまた印を結んで祝詞を唱え、そして手を解いて部屋の隅に語りかけた。

「こんにちは。私の声が聞こえる？」

そのとき、お弟子さんが彼らのほうへ歩いてきて小さな声で言った。

「霊が来てますので、邪魔にならないように少し下がっていましょう」

そう言って部屋の隅へと促す。

彼が冷や汗をかいているのを見て、お弟子さんは微かに微笑んだ。

「大丈夫ですよ。とても楽しそうな様子ですから」

お弟子さんは社長に生霊の容姿を伝える。どうやらユリさんの姿は二十年前の、ここにいた時の姿らしい。

長い茶髪の、目鼻立ちはこんな感じで、身長や体型はこうで、と説明すると社長は大きく頷いた。

「思い出しました。間違いありません。ユリさんです」

お弟子さんはそのまま片岡さんと生霊のやりとりを解説してくれたという。

「私の声が聞こえますか？」という片岡さんの問いに生霊・ユリさんは「はい」と答えたそうだ。

片岡さんとユリさんの語らいは続いていた。

「だからね。ここに念を飛ばしているとあなたは疲れてしまうはずなの。この部屋に細工をしてもうここに来られないようにするけどいいかしら？」

片岡さんは普通に目の前に人がいるかのように、穏やかにユリさんに語りかけていた。

そしてユリさんもまた片岡さんに言葉で返答していたそうだ。

もっともお弟子さんがそう説明してくれるだけで、彼にはユリさんの言葉は聞こえていない。社長やなんちゃって店長には見えてすらいない。お弟子さんの言うことを信じるかどうかはそれぞれの判断だった。

片岡さんがまた祝詞を唱えると、ぼんやりした影は消えて見えなくなったという。

「これであの生霊はもうここには来ないよ。Tさんが怖がってるって言ったらごめんねってさ」

片岡さんが彼に目を向けてそう言った。

お弟子さんの解説で聞いてはいたものの、片岡さんから直接言われて彼は信じることにした。当時ボーイだった社長のことを覚えているかと訊かれたユリさんは「覚えてない」と返答しており、社長は少し落ち込んでいたという。

そんな調子で片岡さんは残りの部屋を全てお祓いしてから、屋上に出た。

部屋に不幸の原因となるものはなかった。

屋上も調べて何もなければ、また別の視点から探さねばならないとのことだった。しかしやはり屋上にも何もなかったようで、片岡さんは一息ついて屋上からの景色を眺めた。

「少し休憩。さてどうしようかねえ」

そう言って手すりに手を置いて風俗街を眺める。

お弟子さんは煙草を取り出して火を点け、片岡さんの隣で同じように風俗街を眺めている。その様子に一息ついて彼や社長達も煙草を取り出して一服し始めた。

ふと、片岡さんの溜め息が聞こえた。

「澱んでるわねぇ」

片岡さんは風俗街を見渡してそう言ったという。何度も溜め息をついて、「ほんと、とんでもないわねぇ……」としみじみと言ったそうだ。

社長もなんちゃって店長も彼もいたたまれなくなって、無言で煙草を吹かして誤魔化した。改めて彼らの働く街がどういう場所なのかを意識して気まずくなってしまったという。

ユリさんのような綺麗な話で終わっていい場所ではない。

街を渦巻く情念は片岡さんのような霊媒師を以てして「とんでもない」ものだと。

彼はいつも目にしているネオンの消えた風俗街の様子を思い出していた。

家路に就く客や嬢達の姿に混じってひっそりと佇む薄ぼんやりとしたナニか。

アレはユリさんのような生霊なのかもしれない。

そしてソレが抱える情念の殆どはユリさんのように綺麗なものではない。

この街で働いていれば嫌でも耳にする救いようのない話。

やれ借金だ、ホストだ、ブランドだと、様々な理由で風俗街に身を寄せる女性達。

それに群がる男達。

さながら地獄のような場所であるのは間違いない。


「片岡さん、あれ」

お弟子さんが地上を指差す。

どれどれと手すりから身を乗り出してお弟子さんの指差すほうを見る片岡さん。

「あれあれ、あのグレーの車です」

彼も社長達も片岡さんと同じように身を乗り出してその方向を見る。

お弟子さんが指差していたのは、ついこの前バスに突っ込んだ送迎車だった。

駐車場に停めてある車を見て、お弟子さんは何かを感じたようだった。

「ああ、アレは良くないねぇ」

そう言って片岡さんは社長を見た。

「そのうち怪我人が出るから、早いところ手放したほうがいいですよ」

その言葉を聞いた彼は、ようやくこの言葉が出たかと安堵した。

事前のヒアリングで車がおかしいとは伝えていたものの、改めて申し出るまでもなく一目見ただけで車がおかしいと言ってもらえて、これで自分が何を言わずとも、あの車を手放すよう社長を説得してくれるだろうと。


彼の期待に応えるかと思いきや、片岡さんが話しだしたのはより深刻な内容だった。

「あの車の後部座席、運転席の後ろにとんでもない奴が座ってる。俗に言う悪霊ですね」

ほんの数秒ほど車を見ただけで片岡さんには全て分かったという。

「後部座席に陣取って、車に乗る人間を片っ端から呪ってる。運転手もお客さんも女の子も関係ない。誰かれ構わず手当たり次第だわ」

その言葉に反応したのは彼だった。

「あの……どうしてその……あの車に」

あの車で散々な目に遭ってきたのは彼や従業員達だ。

一体どんな因縁があってあの車は呪われることになったのか。

どうすればその呪いを解くことができるのか。

それが知りたかった。

「一言で言うなら『理由はない』かな。ただあそこにいる、それだけです」

片岡さんの言葉に彼も社長達も何と返して良いか分からなかった。

「たまたまアレがあの車に乗ったから、本当にそれだけ。あなた達にとっては災難だけど、アレに呪われるのに理由なんてないんです」

誰も言葉を返さない中、片岡さんの説明が続く。

「周りにいる誰も彼もが気に入らなくて片っ端から呪ってる。恐ろしいことに理由はなくても呪われることってあるんですよ」

滅茶苦茶なことを言われている、と思ったそうだ。

「あの車の元の持ち主だとか、あの車に轢かれた幽霊だとか、このお店や社長さんに恨みのある誰かだとか、そんなことは一切ない。何の因縁もないのにただ何となくあそこにいて、乗り合わせる人間を『気に入らねえ』って不幸にする。滅茶苦茶タチの悪い悪霊ですね」

理由はない。

ただあの車にいて、気に入らないから呪う。

滅茶苦茶だ。

彼は恐ろしいと思う以上に腹が立ってきたという。

片岡さんは再び送迎車に目を戻して、独り言のように続ける。

「あなた達のような運転手が気に入らない。女の子と遊んでいい気分になっているお客さんが気に入らない。女を好き勝手にできる金を持っている男が気に入らない。男から金を毟り取っている女の子が気に入らない。男も女もお店もお客さんも関係ない。ただ気に入らないからあの車に乗り合わせる誰かをひたすら呪い続けている。滅多にないけどそういう霊もいるってことですね。あの車が拠り所となって呪いを撒き散らしてる。呪物って言ったら分かりますか？　あの車が走る呪物になってるんです」

彼は自身の目で見た骸骨や三本目の手を思い出していた。

「じゃあ……俺が見た骸骨とか腕ってのは……」

彼の呟きが聞こえたようで片岡さんは彼に目を戻した。

「あの霊があなたに事故を起こさせたくて見せたイメージでしょうね。他の人達は何も感じないまま事故を起こしてたけど、あなたは勘が鋭いから操作しやすかったんだと思う。このまま何もしなかったら、人を跳ねたり怪我したりするのは多分あなただったと思います」

さて、と言って片岡さんは手すりから離れた。

「そうなる前に何とかしましょうか」

片岡さんとお弟子さんを駐車場まで案内する。

社長もなんちゃって店長も揃って送迎車の前にいる。

運転席の後ろの座席をよく見てみるが、薄ぼんやりしたモノは見えなかったという。

ただそれでも彼は怖かった。

とても送迎車に近寄れなかった。

あそこにいるのだろうか、と思った。

脈絡もなく送迎車に取り憑いて、彼をバスに突っ込ませた悪霊が。

社長からすると彼の怯える様子は不思議だったという。最近は社長もなんちゃって店長もそれなりに送迎車に乗ってはいたが、彼のようにおかしな体験をしたり実際に事故を起こした訳ではない。何より彼のようにナニカが見える訳でもない社長達にしてみれば、『悪霊が乗っている』と言われてもいまいちピンとこなかったらしい。

イラついたように身体を揺する彼の様子を、息子である店長と二人、訝《いぶか》しんで眺めていたという。

片岡さんは店内と同じようにお弟子さんから酒と塩を受け取って車に撒き、印を結んでから祝詞を唱える。

少し離れた位置から見守る彼らの元へお弟子さんがやってきて並ぶ。

「ブチギレたオッサンって感じの霊が後部座席に座ってます。私より前に出ないでくださいね」

ユリさんのときと同じように解説してくれるようだ。

「大丈夫なんでしょうか……ここにいても」

彼は怖くてお弟子さんに訊ねた。

彼には見えなくとも『ブチギレたオッサン』という言葉を聞いてイメージが膨らんでしまい、社長達とは比較にならないほど彼は怯えていた。

「大丈夫です。映画みたいに襲いかかってくる訳じゃありませんからね。霊媒師が来たら祓われるか逃げるかの二択しかありませんので」

お弟子さんの言葉を聞いても、彼の恐怖は少しも薄れてはくれなかった。

「さて、あなたはどうしてそこにいるの?」

片岡さんが車に向かって話しかけた。

「『うるせえ』って言ってますね。怒鳴ってます」

お弟子さんが悪霊の返答を伝えてくれる。

「滅茶苦茶キレてます。発狂してるって言ってもいいくらい」

次いでまた片岡さんの声が聞こえる。

「あんたね、そんなに聞く耳持たないで、人の生き死にに関わる悪さを続けるならもう消しちゃうわよ？」

「『やれるもんならやってみろ』ですって」

すかさずお弟子さんが悪霊とのやりとりを解説する。

お弟子さんの言うことを信じるなら悪霊の様子はこうだった。

『気に入らねえんだよ』

『おまえら全員許さねえぞ』

『すぐに戻ってくるからな』

片岡さんが何を言っても同じような返答しかしない。

見た目は四十代のサラリーマンで、お弟子さんによると『ならず者』だという。とにかく粗野で態度が悪く、昔の映画のヤクザみたいだと。目に付く全てが気に入らなくて、特に人間が気に入らなくて、手当たり次第に呪詛を掛けている。

恐ろしいことにその悪霊の呪詛は車を降りても憑いてくるようで、彼のような従業員以外に、どれだけのお客さんが不幸になったのか分からないという。

「じゃあもう消すからね」

と言って片岡さんが印を結んだところで、お弟子さんが「あっ」と言った。

そして、

「逃げましたね」

と言った。


結局それで送迎車のお祓いは無事完了となった。彼も社長達も片岡さんから身体に残った穢れを取り除くお祓いを受け、もう大丈夫とのことだった。

悪霊は『また戻ってくる』という言葉を残して消えた訳で、車は翌々日には廃車のために業者へ引き渡されることとなった。


「ウチのお客さんは大丈夫なんでしょうか」

最後に社長は片岡さんに訊いた。

片岡さんは「あなたのせいじゃないから気にしないほうがいいですよ」とだけ言った。

大丈夫ではない、ということだろう。

「……」

彼はこれまでのことを思い返して暗鬱たる気持ちになった。

彼が入店する前から送迎車は事故を繰り返してきた訳で、一体どれだけのお客さんがアレに呪われたのか見当も付かない。

「当店の送迎車は呪われておりましたのでお客様におかれましてはお祓いを受けるようお願いいたします」などとアナウンスできる訳がない。

どうすることもできないから、気にしても仕方ないということだった。

送迎車というよるべを失ったあの悪霊は、また何処かで何かに取り憑いて手当たり次第に人を呪うことになるだろうという。

取り憑く先はまた車かもしれないし、何処かの交差点だったり、賃貸マンションの一室だったり、はたまた誰か特定の人物かもしれない。

とにかく多くの人と関われるような物或いは場所に陣取って、理不尽に呪いを撒き散らすだろうと。

「悪霊ってどれもあんな感じなんですか？」

彼の質問に片岡さんは「普通は違う」と言った。

「悪霊になる訳だからそれ相応の『理由』ってものがある。誰かに殺された恨みとか、憎い相手を呪いたいとか、そういうのがあるんです。でもアレは違う。場所も人も関係なくて手当たり次第。厄介なことに私らが来たらすぐ逃げられるようにしてるから消すこともできない。最悪の部類じゃないですかね」

彼は好奇心に従って更に質問をした。

片岡さんは遠慮なく答えてくれたという。

「ああいう風に『逃げられる』ことってよくあるんですか？」

「普通はないですね。さっきも言った通り悪霊になるにはそれなりの『理由』がある。だから私らみたいなのが来ると頑なになっちゃって無理矢理に消されちゃうか、観念して消えることを選ぶ。あの悪霊には人や場所に対する執着がないから逃げることに躊躇いがない。そこがアレの一番恐ろしいところですね」


この話はこれで終わりで、『また戻ってくる』と言っていた悪霊が結局どうなったのか、今となっては知る方法がない。

結局彼は崩した体調と精神が元に戻らず退職することになり、なんちゃって店長は現在引きこもりの状態だという。

社長は片岡さんを仲介してくれた相手と疎遠になってしまい、その後片岡さんからのサポートは受けられていないそうだ。

今も何処かで手当たり次第に人を呪い続ける『ブチギレたオッサン』の霊。

そのオッサン以外にも同じような霊はいることだろう。

脈絡もなく取り憑いた物・場所が呪物と化し、周囲に呪いを撒き散らす。

その呪いに当てられた者は、彼のように体調を崩したり、人間関係が上手くいかなくなったり、他人を巻き込む事故を起こしたりすることになる。

我々の周りにもいつ何処でそのようなタチの悪い呪いが定着するか分からない。

大流行した映画に『入ると呪われる家』のシリーズがあるが、それが動き回っていると思うと底知れぬ恐ろしさを感じることだろう。

映画のように人が死にまくることはないだろうが、今も何処かで人を呪い続ける『理不尽な呪い』があるということは覚えておくべきだろう。

呪海

営業のK

これは能登で漁師をしていた叔父から聞いた話になる。

遊びの釣りで叔父の漁船に乗せてもらったことが数回ある程度の俺にはよく知らないことが、海の上では数えきれないくらい起きている。

その漁港の漁師にだけ当て嵌まることなのかもしれないが、漁師は各々が「漁場」というポイントを幾つか持っており、その時節に応じて最も漁獲高が見込まれる場所へ漁に出かけていく。

勿論、その場所は他の漁師さんと被っている場合もあるらしいが、決してそのことで変な争いは起きないそうだ。

逆に言えば、数に限りがある良質な漁場を上手にシェアしながら魚を獲っている。

素人の俺からすれば、誰も行かないポイントに行けばもしかしたらそれまで遭遇しなかった程の大漁に恵まれるかもしれないと思うのだが、彼ら漁師達は決してそういう場所には手を出さない。

それは先人達からの言い伝えにより、近寄ってはいけない海域というものが存在するからに他ならない。

それによると海の神様がその海域に入ることを許さないというだけでなく、中には近づいた者には呪いが降りかかり、生きて港には戻ってこられないからという物騒な理由で禁じられた海域まで存在するそうだ。

勿論、全ての漁師がその言い伝えを百パーセント信じている訳ではないが、港から船で出ていき沖合で漁をするということは、常に死と隣り合わせの危険な作業であることは間違いない。それを身を以て知っているからこそ、避けられる危険は可能な限り避けるという意識が根付いたのかもしれない。自己防衛本能とも言えよう。

叔父が漁をしている漁協にもそんな暗黙のルールがあった。

三十隻に満たない程の小さな漁港を拠点にしていたが、そんな彼らにも絶対に近寄らない禁忌の海域が存在した。

叔父が漁をしていたのは能登半島の外浦といわれる、石川県の西の海域だった。

それなりに遠方まで漁に出かけることもあったが、それでもその海域には決して近づかなかった。

漁船で三十分ほど沖に向かうと、そこにはポツンと小さな島がある。

直径にして十メートルもないような本当に小さな島。

その島の周囲が呪われた海域と呼ばれ、誰も近づかない場所になる。

島には小さな祠が祀られており、時には島の上に人影のようなものを見つけることもあるそうだ。

だが、いちばん不思議なのは、その島自体が現れたり消えたりするということだ。つまり、見てしまうだけでも縁起が悪い。そんな島に近づく者などいるはずがなかった。

実際、叔父もその島を見てしまったときには決まって魚が一匹も獲れなかったそうだ。

だからなのだろう。

言い伝えでは一キロ以内には近づくなと言われているだけだというのに、漁師達は皆、その島を大きく避けるようにしながら遠回りして沖合を目指した。

過去にその島に近づいたことで呪われ、そのまま海の藻屑になった者が一人や二人ではないなどと聞かされていれば、誰もが似たような行動を取ってしまうだろう。

しかし、いつの時代にも天邪鬼な性格の人間は存在する。

しかも年齢が若ければそんな呪いの伝説を信じろというほうが無理があるのかもしれない。

それは二人の漁師の兄弟だった。

引退した父親とともに漁の経験を積み、漁場を引き継ぐ形で漁師として独立した。

父親は信心深い人間であり、海の怖さも十分に心得ていた。

だから間違いなくその海域の恐ろしさも言い聞かせていただろうと、叔父は言う。

しかし、ある程度の経験を積んだ兄は、漁師になって日も浅い弟に良い格好をしたかったのかもしれない。

兄弟二人が乗った漁船が港から出ると、その海域めがけて進んでいくのを何人もの漁師が目撃していた。

兄弟は無線にも応じないまま行方不明となった。

港に戻ってこない兄弟の漁船を、他の漁師達だけでなく地域ぐるみで捜索にあたった。

危険を承知で、呪われた島に近づいてまで探してくれた者もいたらしいが、漁船はおろか、兄弟二人の遺体さえも見つけることはできなかった。


何も手掛かりが掴めないまま数日が過ぎた頃、朝方に突如として兄弟の漁船が港に停泊しているのが発見された。

船体には傷らしい箇所もなかったが、船内に兄弟の姿はなかったという。

誰がどうやってその船を港まで運んできたのか？

二人の兄弟は何処へ消えたのか？

漁協ではそんな話で持ちきりだった。

その日の夜、兄弟が実家の両親の枕元に立ったという。

金縛りで動けなくなった両親に向かって、兄弟はこう言って謝り続けたらしい。

「あの呪いの噂は本当だった……ワシらは近づいちゃいかん所へ行ってしまった。もう死ぬこともここへ帰ってくることもできんくなってしもた……すまん……」と。

兄弟が夢枕に立った翌朝には、戻ってきていた漁船はまた忽然と港から姿を消していた。代わりに、船が停泊していた場所には朽ち果てて汚れた木の板が、綺麗に並べて置かれていたそうだ。

そのことがあってから漁師の間で良くないことが立て続けに起こるようになった。

事故や病気で亡くなる者も相次いだ。

以来、その漁港では誰もその海域には近づかなくなった。

呪いは単なる噂ではなく実在するのだと確信したから。

そうして叔父が漁師を引退するまでに海難事故で漁師が亡くなることはなくなったが、

今でもその島は現れたり消えたりということを繰り返している。

そして、漁師仲間の間では、島の上にあの兄弟が立って手を振っているのを見たという目撃談が絶えない。

呪われた場所というのは確かに存在する。某《なにがし》かの禁忌が語り継がれている場所にはやはり近づくべきではないのだろう。

生きて、戻りたいのならば。

かしりのはて

黒木あるじ

口伝に口伝を重ねて私の元へ辿りついた、南東北のある村落で起きた出来事を話そう。

その村には「お屋敷」と称される、一軒の富める家があった。

富めるとはいえ、きらびやかな御殿が建っていた訳でも、唸るほどの金を蓄えていた訳でもない。総じて貧しい村の中で、辛うじて食うに困らなかった——という程度の、至極慎ましやかな富裕であったようだ。

だが、それとて怨む者はいる。嫉《そね》む人間は現れる。

村外れに住むオカサという女も、その一人であった。

常人ならば「自分も富を得よう。あの高みまで昇ってやろう」と考える。不幸の連鎖を断ち、貧しさの沼から這いあがろうと歯を食いしばる。けれども世にはときおり、相手を奈落へ引きずりおろすことでしか涸れた心を満たせない者も存在する。

まさしく彼女はそのような人物であったから——一家を呪うことに決めた。

夜になるとオカサは件の屋敷へ忍びより、我が身から垂れる液を塗りたくった。屎尿、血膿、月の障り。漏れだしたあらゆる分泌物を、外壁や庭の灯篭、縁の下の柱にいたるまで、余すところなく擦《なす》りつけた。

汚れとは穢《けが》れだ。それが家内に沁み渡れば、吉事など起きようはずがない——。

どうやらオカサはそう考えていたようだ。

斯《か》くして、彼女は我流の呪願《かしり》を飽かずに続けた。一日と欠かさずに屋敷を詣でた。

そして——百日が経った頃。

その家の七つになる娘が死んだ。

畔《あぜ》を駆けまわっていた最中に蹴躓《つまず》き、たまさか転がっていた鍬《くわ》の刃先で顔の右半分をぞっくり削いで、血溜まりの中で痙攣しながら事切れたのである。

家族は大いに嘆き悲しんで愛娘を荼毘に付し、懇《ねんご》ろに弔った。

しかし、悲劇はそれで終わらなかった。娘の野辺送りを終えて墓所より帰る道すがら、葬列の先頭を歩いていた父親がばったり倒れ、そのまま逝ってしまったのだ。卒中の類であったようだが、なにぶん病院などない寒村のことで真相ははっきりしない。

ともあれ愛児《まなご》と家長を続けて喪《うしな》った家には重苦しい空気が漂い始め——その瘴気に当てられたかの如く、今度は長男坊が死んだ。父の葬儀が終わった直後から咳き込んで喀血するようになり、肺腑の痛みで苦しんだ挙げ句最期は洗面器からあふれるほどの血をごぼんごぼんと吐き流し、息絶えたのである。

広い家には母だけが残された。

それでも気丈な女当主は「自分が家を守らなくては」と、笑顔で周囲に伝えていたが、何かのはずみで緊張の糸が切れたのか、ある夜、座敷の大梁に荒縄を掛けて縊《くび》れ死んだ。母親はひといきに絶命できなかったらしく、藁で擦れた頸からは血が滴り落ち、弛緩で漏れた糞便と混ざりあい、赤と黒と焦げ茶色の水溜まりを真下にこしらえていたという。

喪主が誰もいなかったため、母親の葬儀は村衆の手で執り行われる運びとなった。ところが通夜の日、寝ずの番で蝋燭守りを任されていた男が遁走する。屋敷の僅かな蓄えと家財を奪い、家に火を点けて逃げ出したのである。明け方に皆が気付いたときは、屋敷も母親の亡骸も消し炭と化していた。

こうして富饒《ふじょう》の一家は僅か半月ほどで、人も家も全て滅んだのである。


オカサは悲劇がよほど嬉しかったと見えて、隣家の主婦と顔を合わせた折「あの家を呪ったのは自分だ」と満面の笑みで告げた。主婦は慄《おの》きながら旦那に報せ、旦那は隣村の親戚を訪ねた折、酒の肴代わりに一連の出来事を語って聞かせた。

因みに私へこの話を教えてくれたのは、その親戚の孫に当たる女性である。

さて、怨嗟の対象が全滅したからには呪い行脚《あんぎゃ》もこれで終い——と、思いきや。

お屋敷の家族が一人残らず死んだのちも、何故かオカサは焼け跡を訪《おとな》い続けた。炭となった柱に股の血を拭い、朽ちかけの板塀に汚穢《おわい》で手形を残し続けた。

所帯も持たず、畑仕事もろくにせず、やがて親兄弟も逝ってしまい、たった一人で貧しさの底へ底へと堕ちながらも、彼女は呪願を止めなかった。壮年を迎え老年になり、目や耳が衰えてなお、老いたオカサは杖をつきながら屋敷跡を訪れ、手探りで石塊《いしくれ》に糞を拭い、這いずりながら地べためがけて尿《ゆばり》を撒いた。

そして——ある秋の朝、老婆は叢《くさむら》で冷たくなっているところを発見された。

枯れ木よりも細い左手には抉《くじ》りだした自身の目の玉が握られており、右手は肘まで喉の奥へ挿しこまれていた。顎がはずれたその顔は、笑っているように見えたそうだ。

「人を呪わば穴二つと言うが、呪いの穴には底がないのだな」

村人はそのように囁きあい、折に触れてはオカサの噂を戒《いまし》めに語ったという。

その村もとうに絶え——今はもう、何もない。

簪《かんざし》

バイト先の社長であるSさんの父は炭焼き職人をしていて、集落の草分け的な存在であったという。母親は麓《ふもと》の集落の出身で、親交のあったお互いの親が縁を結んだ結婚だったそうだ。

「炭焼き職人っていうのはとにかく山の奥深く、奥深くにずんずんと森を切り拓きながら進んでいくんだわ。物心付いた頃には親父と二人で木を切り倒して、炭を焼いてっていう生活をしてたな。村と炭焼き小屋を行ったり来たりするんだよ。俺が小学に上がる頃には親父も知り合いの林業の会社に入って、そのまま勤め人になったんだが、それまでお袋はそりゃあ苦労をしたらしい」

二人で焚き火を眺めながら、Sさんは焼酎の入ったグラスを傾けた。

バイト終わりにSさんの会社の駐車場で、こうして酒を飲んだりするのが密かな楽しみになっている。他の従業員は家族もいて早く家に帰らなければいけないが、学生の私からすればタダ酒とタダ飯にあやかれる貴重な時間だ。

Sさんは七十を迎えて久しく、髪にも白いものが混じっていたが、気さくな人物で肩書きの垣根なく接してくれる。話好きで人情に厚かった。

「山という場所は不思議な所でね。特別というと少し大袈裟かもしれんけど。当時はね、まだ山にも色んな人間が住んでいたんだ」

Sさんはそう言って赤くなった頬を掻いた。私もSさんもお酒はそれほど強くないが、晩酌は好きだ。大して量は飲めないので、時間を掛けてゆっくりと語らいながら酒を味わう。秘蔵のコレクションは半世紀近く掛けて集めたということだけあって、テーブルの上に並ぶ酒瓶は豪華な顔ぶれになっている。

怖い体験でもしたんですか、と私が問うと、はっきりと答えるようなことはせず、曖昧な笑みを浮かべてみせた。

「ほら、あれだ。うちの村はね、宮崎と熊本の県境にある山間の辺鄙《へんぴ》な村でね。とにかく閉鎖的だったから色々あった。今は国道も通って、外の人も移住してきたりしているからそうでもないけれど、当時はとにかく余所者《よそもの》が嫌いで、麓の人間がやってくるってだけで大騒ぎだったよ。お袋は麓の出身だったから、親父のいる山奥の村に嫁に来るのが嫌で嫌でしょうがなくて、嫁入りまで泣いて過ごしていたってくらいさ。何でかって言うと、親父の村にはエコウサンが降りてくるからだって言うんだな。それが気味悪くて仕方ないんだと」

エコウサンって誰ですか、と訊くと、個人名じゃないよ、という。

「職業名のようなんだが、どんな字を書くのか分からん。年に何度か村にやってきて呪いたい人間はいないか、家々を訊いて回るんだ」

呪いたい相手を訊いて回るなどと言うのは、いかにも胡散臭《うさんくさ》い。

「それでね、どこそこの誰それを呪ってくれと頼むだろう。すると相手をちゃんと呪ってくれるらしい。呪われた相手は病気になったり、怪我をしたりするそうだが、死ぬようなことにはならんのだと」

呪うときにはこうやって靴で叩くんだ、と大きく手を振りかぶってみせる。まるで害虫をスリッパで叩き潰すような仕草だった。

「当時は不思議でね。何てことのない普通の格好をしたおばさん達なんだ。呪いたい相手の名前を客に紙とか木の板に書かせて、そいつを靴の裏で叩く。めった打ちだよ。終わると『エコウは終わりました』と言って頭を下げるから、こちらも謝礼を渡す。それでおしまい。結局、お袋は何だかんだ、エコウサンをよく使っていたよ」

凄まじい光景だろうな、と私は焚き火を眺めながら、缶チューハイを口にした。甘い炭酸と僅かなアルコールを味わいながら、ぼんやりと頭の中でエコウという言葉を反芻するが、どうにも当て嵌まる文字が見つからない。試しに携帯電話で検索を掛けてみると、『廻向』という言葉を見つけた。どうやら仏教用語のようで、『お経を唱えることで故人に徳を与え、また自身も徳が得られる』というものらしい。しかし、行いとしてはまるで逆の内容でますます混乱した。

「エコウサンはいつの間にか来なくなったよ。やはりあんな仕事は成り立たなくなったんだろうな」

どうにも昨今の霊感商法とも少し違う気がする。深い山奥で娯楽もない人たちの鬱憤晴らしになっていたのではないだろうか。田舎の山奥で暮らす祖父母のことを思い出してみても、生活は決して楽ではなかったように思う。昔は本当に苦労をしたという話も多い。集落の中での揉め事や、独特な付き合いもあっただろう。近隣同士の付き合いが今よりも強かったことで、恨みを抱くことも多かったはずだ。

エコウサンは何処から来ていたんですか、と問うとSさんは笑って手を横に振った。

「知らない、知らない。何処からかふらりとやって来て、用件が終わるとさっさと帰っていくんだから。物々交換はしていたみたいだけど、食事に招かれても絶対に家には上がらなかったたな。今にして思えば、あれは俺達のことを警戒していたんじゃなかろうか。お袋の生まれた麓の村には来なかったそうだから、極力人と交わらないようにしていたんだろ」

怖いというよりも不気味だ。たかだか半世紀前の話とは思えない。

Sさんの話から察するに、彼女達はきっともっと山奥からやってきていたのだろう。人がまず足を踏み入れないような、山深い場所に独自の集落を築いていたのかもしれない。どうしてそんな場所で暮らしていたのか。迫害されて追いやられたと考えるのが自然だろう。

「実はね、お袋が一度だけ人を殺してほしいとエコウサンに頼み込んだことがあるそうだ。どうしても許せねぇ。殺してやるってな。本来ならそういう話は御法度《ごはっと》。叱られておしまい。ただ、そのエコウサンはお袋とは特別に仲がよかったから、話を聞いてくれたらしい」

次に会うとき、エコウサンは簪をくれたという。素朴な鼈甲《べっこう》の簪だが、そんな素朴なものさえ山奥の村では貴重品だった。

「エコウサンから厳しく言い含められたらしい。『簪に呪《しゅ》を掛けた。どうしてもというときには、これを折って壊しなさい。そうすれば間違いなく相手は死ぬ。ただし、そのときは自分の命も、お腹の子供も諦めなさい』ってな。人を呪わば穴二つっていうだろ。因《ちな》みに、このお腹の中の子供っていうのが俺なんだ」

つまりSさんのお母さんは、結局は何もしなかったのだろう。人を呪い殺すなんて真似、馬鹿馬鹿しいとは思うが、そんなことはしないに越したことはない。

「それから十五年と少し経った頃か。祖母が癌で死んだんだが、葬儀の後、お袋が棚の奥にしまっておいた簪を見たら、ぽっきりと折れていたらしい。母は折った覚えなんてなかった。つまり、お袋が死ぬほど呪いたかった相手は姑だった訳だな。孫の俺から見ても意地の悪い婆さんだったよ。実の息子である、俺の親父とも険悪でよく怒鳴りあっていたものさ」

無理もない、とSさんは苦々しい顔で今度は缶ビールに口を付けた。揺らめく炎がSさんの顔を照らしあげる。

焚き火の炎を眺めながら、ふ、と疑問が脳裏を過《よぎ》った。呪を掛けた簪を折れば対象が死ぬ。逆説的に対象が死んだから簪が折れるというのは理に適っているようで、何だか酷く奇妙な気がした。

「流石だね。自力で気付いたか。僕はね、お袋が死んで暫くしてようやく気付いたよ」

Sさんがビールをテーブルに置いて、つまみのナッツを口に放り込む。

「思えば、婆さんが死んですぐのことなんだ。親父が心臓麻痺で死んだのは。まだ婆さんの喪も明けていなかった。おかげで初盆は遺影が二つ並んだよ。きっと簪を折ったのは親父だったんだな。婆さん達のこさえた借金で二人とも苦労したからね」

まるでなんてことのない話のように淡々とした口調で言う。

「まあ、初めから呪いなんて本当にあったのかどうか。ただの偶然だといえば、それだけの話だ。何の因果もないのかもしれない。簪の話をしてくれたお袋も、もう何年も前に死んだ。真相は闇の中だ」

そういって傍らの薪を投げやりに炎の中へとくべる。火の粉が散って舞い上がり、黒い夜空の中へ飛び込んでいくと、やがて消えて見えなくなった。

でも、と私は脳裏を過った考えを口にしようとしたが、やはりSさんに話すのは憚られた。

「でも？」

何でもありません、と言葉を濁して缶チューハイに口を付けた。考え事をしているせいで、まるで味がしない。気の抜けた炭酸が口の中で弱々しく弾ける。

仮に、本当にお父さんが簪という呪具を壊したとして、彼は呪いについて何処まで知っていたのだろう。もしも、Sさんのお母さんが呪いの代償について旦那さんに一切話していなかったのなら。故意に話さずにいたのなら。

自分の命を代償にしてまで殺したいとは思えなくとも、夫ならばどうだったのだろう。

炭化した薪が炎の中で折れて、二つに砕け散る。

まるで首の骨が折れたような有様に、思わず眉を顰めずにはいられなかった。

醤油の家

蛙坂須美

さっさと忘れたいんだ、と渋るのを強引に説き伏せ、知人の三俣の体験談を聞かせてもらった。

「『恨血《こんけつ》千年、土中の碧《みどり》』ってよく言ったもんだよ」

何杯目かの酒を呷りながら、三俣は呟いた。

「何それ？」

「李賀《りが》だよ。知らんのか」

「ああ、中国共産党の偉い人」

「……それならおまえ、『醤油』って聞いたことあるか？」

「はあ？」

固有名詞その他の扱いには細心の注意を払うとの条件で、ようやく話を引き出すことができた。

「父方の伯父が住んでいた家なんだ。投資の才能だけで一財産築いたっていう大した人なんだが、有名な人嫌いでな。親父とは兄弟仲も最悪だったらしくて、俺も二、三回しか会ったことがない」

五年前、その伯父が不審死を遂げた。

自宅から百キロ以上離れた山中で死んでいるのを、地元の猟友会が発見したのだ。

「真冬に何故か素っ裸でね。凍死だよ」

遺体には何語かも不明な文字のようなものがびっしりと墨書されていたそうだ。

警察は他殺も視野に入れていたようだ、と三俣は語る。

「所有する不動産の関係で、幾つか揉め事を抱えていたらしい。大方その筋から恨みを買ったんじゃないかと」

ただし捜査は難航している、との話だった。

葬儀の席で、三俣は父に手招きされた。

父は禿げ頭をぺちぺち叩きながら、すまなそうな表情を浮かべている。

「おまえ、近々週末空けられるか？」

「どうしたの？」

「兄貴の家をな、どうにかせにゃならん。俺だけじゃ手に余る」

両親は既に物故し、伯父には妻子もない。相続人として残っているのは、唯一の肉親である三俣の父だけだった。

一月後、親子は故人の住居を訪れた。場所は有名な別荘地である。車から降り家の外観を見れば、ロッジ風の洒落た建物だった。父の話では、数年前に新築したばかりという。

が、玄関に一歩足を踏み入れた途端、妙に甘ったるい匂いが鼻をついた。生ゴミでも放置されているのかと台所を確認したものの、そういう訳ではない。冷蔵庫の中は空だった。

親子揃って首を傾げたが、考えていても詮方ないことではある。まずは二人で家屋内を見てまわることにした。

一軒家とはいえ独り者の住まいだから、部屋数は少ない。

一階は吹き抜けになったリビングと風呂、トイレ。他に一室、書斎と思しき部屋がある。法律関係の書物や分厚いファイルが本棚に並び、デスク上には書類や封筒が山積みになっていた。

リビングの階段を上がると寝室で、ベランダからは森が眺められる。

「兄貴の奴、何というかこう、結構質素な生活してたんだな」

父が独りごちた。三俣も同感だった。

なるほど機能的で住むには困らないが、遊びがないように思われた。あの風変わりな伯父には、趣味の一つもなかったのだろうか。

「手分けして片付けちまおう。書斎の書類やなんかは俺が仕分けるから、おまえはとりあえず寝室を頼むよ」

了解、と二階に上がった三俣はクローゼットを開け、中の衣類を段ボールに詰め始めた。

「何だこりゃあ？」

クローゼットの奥に、一枚の紙が貼られている。

触れる直前、お札と気付き、手を引っ込めた。

「呼んだか？」

背後から声がして、跳び上がりそうになった。

父が立っていた。気のせいか、顔色が悪い。

「人の声がしたんだが」

首を傾げる父にクローゼットの中を見せたところ、露骨に顔を顰《しか》めた。

「ここもか」

「えッ？」

「ちょっと来てみろ」

言われるままついていくと、父は書斎の窓に掛かっているカーテンを開いた。

同じお札が貼られていた。

「……どうなってんの？」

「分からん。幽霊とかそういうの、信じるタマじゃなかったが」

幽霊と聞いて、三俣の襟足がざわつく。

確かにお札とくれば、思いつくのはまずそれだろう。

家に入ったときよりも、例の匂いが強くなっているように感じた。

「いい気分はしないな」

どちらから言うともなく、二人一緒に作業を再開する。

匂いを紛らわすため、ひっきりなしに煙草を吸ったが、殆ど効果はなかった。

お札は全部で十枚見つけた。

作業中、三俣は何度か女の声を聞いた。それも床下から。

心中、気のせいと言い聞かせていたが、声がするたびに父の身体がびくりと震えた。

持参した弁当で腹ごしらえをし、一通り整理を終えた頃には日付が変わっていた。

家具こそ少なかったものの、膨大な書類の仕分けに手間取ったのである。

しかし、幾ら何でも時間の進みが速すぎたという。

「……今日は泊まって、朝一番で帰ろう」

心底嫌そうに父が言った。

やはりそうなるのかと三俣も暗澹《あんたん》とした思いである。しかし先刻からどうにも瞼が重い。気を抜くと意識が飛びそうだった。父も同じらしく、これでは車の運転は無理だろう。

匂いは一段と酷くなっていた。

一階よりも二階のほうがまだマシだったので、そちらで寝ることにした。来客用の布団はない。ベッドに父を寝かせると、三俣は身体に毛布を巻き付け、床に転がった。

猛烈な睡魔がやって来て、あっという間に眠りに落ちた。

夢の中で、三俣は浮いていた。

夜だった。まるで醤油のように真っ黒な海の上を、仰向けに、ぷかぷかと漂っていた。

（あれ、俺死んだのかな……？）

そんなことをぼんやりと考えていたら、不意に海中から無数の手が伸びて、三俣の全身に纏《まと》いついた。

そのままものすごい力で引き摺り込まれ、鼻から口から、腐敗した魚をカラメルで煮染めたような匂いの水が、胃に肺に流れ込む。

狂う、と思った。
耳をつんざく女の悲鳴で、三俣は目を覚ました。
慌てて跳ね起きた瞬間、思い切り咳き込んだ。
あの甘ったるい匂いが、室内に充満している。
どう考えても異常だった。
「親父！」
ベッドの上に視線をやり、三俣は絶句した。
膨らんだ布団の端から、長い黒髪が覗いていた。
――ぞろり、と。
それが蠢いた。
「ふわあああああああああ」
転げ落ちるようにして階段を駆け下りる。リビングに父の姿はない。
そこかしこから、女の叫び声がした。
「ダメだダメだダメだダメだダメだ」
うわごとのように繰り返しながら三俣は外に飛び出し、車に乗り込んだ。
頭を抱え、ただもう朝まで震え続けた。

〈人殺し……〉

耳元で何度かそう囁かれたが、幸い、それ以上は何も起こらなかった。

朝になり、恐る恐る家に戻ると、匂いは大分薄れていた。

台所から物音がした。

冷蔵庫の前に父が座っていた。

弛緩した手足を投げ出し、呆けたような顔で、くちゃくちゃと何かを咀嚼している。

口元からはみ出たものを一目見て、三俣は嘔吐した。

一束の髪の毛だった。


「それ以来、親父は腑抜けたみたいになっちまった」

日がな一日、ソファーに腰掛け、口の中が渇き切るまでガムを噛み続けるのだという。

家の相続は放棄し、取り壊しを決めた。

一度、三俣は解体の現場を見に行った。

「まあ、好奇心だよ。あんな目に遭ったってのにさ」

念の為、知人に紹介された霊能者に同行してもらったのだが。

取り壊し自体は支障なく進んだものの、台所の床下から妙なものが出てきた。

甕《かめ》である。

「小型犬がすっぽり入るくらいの大きさだったよ」

若い職人が蓋を開けたところ、あの胸の悪くなる甘い匂いが周囲に立ち込め、三俣は反射的に口元を押さえた。

甕の底には、真っ黒い水がどろどろに沈澱していた。

「ああ、これは……」

霊能者の顔から血の気が引いた。

「一体なんです？」

「『醤油』です。私も初めて見ますが」

「はあ？」

以下はその霊能者が語った内容である。

強い恨みを抱いて死んだ女の毛髪を、甕が一杯になるまで詰める。それを住居の下や土中に隠し、特殊な結界を施すと、隠の気は循環せず、その場に留まり続けるそうだ。

その上を人が踏んで歩くたびに少しずつ髪は溶け崩れ、最終的には黒い液体に変わる。

そうなった状態を「醤油」と呼び、近くの人間を見境なく呪うのだという。

どうにかしてくれと頼み込んだが、霊能者は首を横に振った。

「こんなに『熟した』ものは、もはや人の手には負えません。埋め戻すしか方法はないでしょう」

要するに放射性廃棄物みたいなものだから、触れるだけでも危険なのだとか。

結局、言われた通りにした。

しかしその『醤油』とやらを、果たして伯父を恨んだ者が仕込んだのか、或いは家が建つずっと以前から埋められていたのかは、霊能者にも判断が付かなかった。

「甕の蓋を開けた男はすぐにお祓いを受けたよ。ただ、暫くして重機に巻き込まれる大事故に遭ったらしい。不幸中の幸いで、命だけは助かったがね。現場仕事はもう無理だろう。それに……」

三俣は小さく舌打ちした。

「あの『醤油』の匂いだけは、生涯忘れられそうにない。生臭くて、黴っぽくて、恐ろしく甘い。ああ、思い出してきた。くせえ。畜生、だから話したくなかったんだ。くせえ、くせえなあ……」

便所、と言い捨てて、三俣は店の奥にふらふら歩いていった。

更地のまま放置されたその土地に、甕はまだ埋まっている。

血の雨

しのはら史絵

土砂降りの雨の日、義父の葬儀が執り行われた。

――何もこんな日に降らなくても。

止まない雨に顔を曇らせたが、心配は無用だった。

足元の悪い中、大勢の参列者達は皆、無事に来てくれた。

喪主である主人の横に立ち、ホッと胸を撫で下ろしていると、その中の一人から声を掛けられた。


涙雨。


夫の遠縁であるその人は、葬儀の日に降る雨を、そう呼ぶのだと教えてくれた。

――御遺族そして参列者、みんなの悲しみの涙が、雨になって降ってるんです。

――こんなに降るなんて、あなたのお父さんは随分と慕われていたんですね。

語りかけてきた言葉に不安を覚え、横にいる夫の顔色をそっと窺った。

「ありがとうございます。天国にいる父も、きっと喜んでいると思います」

夫は優しい笑みを浮かべながら、そう返していた。

笑うとできる目尻の深い皺。その深い皺には、何十年にも及ぶ苦悩が宿っている。

夫と義父はとうの昔に絶縁していた。この日まで三十数年も義父の顔を見ていなかった。妻である私でさえ、生前の義父とは面識がない。だから、葬儀を出すと聞いたときは、思わず息を呑んだ。夫の義父に対する憎悪は、凄まじいものがあったからだ。

銀行員だった義父はとても人当たりが良く、周囲からの評判も高かったそうだ。ただ、エリートコースに乗った重圧もあったのだろう。義父は家族に対して、頻繁に暴力を振るう人だったという。暴力と暴言に怯え、生傷が絶えない生活だったと、夫と出会ったときから何度も聞かされてきた。

義母の髪を鷲掴みにして振り回し、髪の毛の束がごっそり抜けた義母は、頭から血を流したこともある。母への暴力を止めようとし突き飛ばされ、当たり所が悪く夫は左目に大怪我を負い、以来、義眼である。そして義父の暴力は、義妹にも向かっていた。

まだ夫が子供の頃、義母に「みんなで逃げよう」と何度も訴えたが、既に義父のコントロール下にあった義母は怯え、頑なにそれを拒否した。

だが、度重なる家庭内暴力により、義母と義妹の精神は疲弊し、追い詰められていった。

義母は鬱状態になり、義父から自立する気力を奪い取られ、最期は癌で亡くなった。癌で入院したときも義父は一切、見舞いにこなかったという。

義母が亡くなったとき、夫は高校生、義妹はまだ中学生であった。二人は母方の祖父母に預けられることになり、それ以来義父から逃れることはできたが、義妹は未だ精神を患っている。

「あいつのせいで、俺達家族は滅茶苦茶になった」

夫の恨みは深く、過去を思い出し怒りに震えたときは、この口癖が必ず出た。時には激しく物に当たるときもあった。普段の夫は穏やかで優しく、最初の頃はこの態度の落差に、いつも驚いていたのを思い出す。

因果応報とでもいうべきか、義父が老人ホームで一人寂しく亡くなったと、親戚から訃報が届いた。当然、遺体の引き取りを断るだろうと思っていたが、夫は二つ返事で引き受けてしまった。

もう憎む相手はこの世にいない。だから、夫も赦すことにしたのかもしれない。

物思いに耽ることが多くなった夫を見て、そのときは、そう考えていた。

ただ、葬儀の日が近づくにつれ、夫は次第に不審な行動をとるようになった。

物置部屋に入り浸ることが増え、何かをしていた。ゴソゴソと音がするから何か探し物でもしているのかもしれない。部屋には入ってくるなと言われ、何をしているのか訊いても答えてはくれない。式の最中大変なことをやらかし、台無しにする準備をしているのではないかと、ひやひやした。だから、夫のいない間に部屋を覗いてみたが、中の様子は特に変わったようには見えない。

実際、そんな心配は無用であった。

夫は感情を乱すことなく、喪主として葬儀を最後まで立派に勤め上げたのだ。

帰宅し、仏間に祭壇も設置し終えた。

疲労を滲ませた夫の顔を見て、その日は二人して早々と床に就いた。

深い眠りに就いていると、キーンと耳の奥が痛くなるような音が聞こえてきた。

いつもであれば、ここで起きて音の原因を探ったはずだ。やろうと思えば目を開くこともできたが、疲れのあまり億劫であった。

この音は一体……疲れからくる耳鳴りか。

夢とうつつの境にいても不快な音は気になった。うつらうつらとした状態であったが、音に意識を集中してみると左側の耳だけ音を拾っているようだった。

煩わしい。

そう思い、左の耳が下になるように寝返りを打った。

その瞬間、身体が固まった。金縛りだ。身体を動かそうとしても重しを載せられたように動けない。金縛りは疲労からくるものだと分かっていても怖く、頭が冴えていった。

ほどなくして、今度は人の嗚咽のような声が聞こえてきた。目も開けることができないが、〈ウッウッ〉という声は夫が泣いているのだと思った。憎んでいたとはいえ、実の親である。夫なりに悲しみに暮れているのだろう。


ウッ、ウッ……ウッウッウッウッウッウッウッ、ウグッググググ、ゲヴオォゲヴォ

段々と嗚咽が激しくなり、嘔吐《えず》くようになってきた。心配のあまり様子を見ようと目に精一杯力を入れて無理矢理こじ開けた、その刹那。

目に飛び込んできたのは、夫の枕元に立つ義父の姿であった。

義父は前かがみになり口を押さえていた。口を押さえている手の隙間から、雨だれのようにボタボタと吐いた血が流れている。

「苦じい、たずげてえ」

恐怖で凍り付き、目を離すことができないでいると、夫も視界に入ってきた。

夫は助けを求めている義父を見て、手を叩きながら大笑いし喜んでいる。

「ヒャーハッハッハハッ、ざまあ！　すっとこの姿を見たかったんだ！　アーヒャヒャヒャヒャヒャヒャヒャヒャッ」

声も出せずに見つめていると夫が私に気付いた。

「ああ、これか？」

血を吐き続け、苦しんでいる義父を差して夫が言った。

「俺さ、棺桶に酒の紙パック入れただろ。あれに、猫いらず大量に入れてやったんだよ！　アハハハハハハハハハ。見ろよ、あれじゃ涙雨じゃなくて血の雨だな！」

猫いらずと聞いてハッとした。かなり昔、鼠が出て猫いらずを使っていたことがあった。確か、余ったものは、あの物置部屋の何処かにしまっておいたはず……。

「いやー、死んだ人間にも効くとは思わなかったよ。やっぱり、念じるよりも物質だなあ。ヒャーハハハハッ、腹が痛いっ」

笑う夫に気を取られていると、義父はいつの間にか消えていた。

あれから数年、義父は毎月、月命日ではなく葬儀を行った日に出てくる。

夫は相変わらず、血を吐きながら苦しんでいる義父を見て、腹を抱えて笑っている。

呪恋

つくね乱蔵

吉永さんの実家に古い井戸がある。

しっかりした造りの井戸だが、木製の分厚い蓋で塞がれたままだ。蓋には、開放厳禁と書かれた紙が貼られている。

何十年も水質検査をしていないため、飲料水としては使えない。今現在は上水道が完備しており、使う必要がないともいえる。

だが、それが開放厳禁の理由ではない。

吉永家の身内しか知らないことなのだが、この井戸が呪われているからだという。

何代か前の当主が原因である。

その当主は、住み込みで働いていた女性を暴行した。不幸にも女性は妊娠してしまった。

女性には身寄りがなく、誰にも相談できないまま井戸に身を投げた。

仕事が辛くて逃げ出したと思われていたため、遺体が見つかるまで何日も要した。

その間、家人は遺体が浸かっていた水を使っていたのである。

井戸から引き上げられた女性は、事故死として処理された。

井戸は閉鎖され、新しい井戸が掘られた。古い井戸をそのままにしておく訳にもいかず、村の若い男を雇って埋めさせた。

ところが、作業はその日のうちに中止された。男は仕事もせず、ずっと井戸の水を飲んでいたのだ。

服の上からでも膨張した腹部が分かるぐらい、大量に飲んでいた。発見されたときは、意識障害を起こしていたという。

違う人間を雇い、日を置いて作業が開始されたが、又しても作業員が我を忘れて水を飲む事態になった。

そうこうしているうちに噂が噂を呼び、作業を請け負う者がいなくなった。

それ以上どうしようもなくなり、井戸は蓋をされた状態で放置されてきたのである。

今から半年前。

吉永さんは不幸のどん底にいた。

会社が倒産し、自身は胃に腫瘍が見つかり、父親が借金を残して急死。何年分もの不幸が一気に押し寄せてきたかのようであった。

何処からどう手を付けて良いか分からず、毎日をぼんやり過ごすしかなかった。

何とかしなければと思うものの、溜め息しか出てこない。

どうでもいいやが口癖になっていた。こんな人生、続けていても仕方がない。

吉永さんは、死ぬことに決めた。

どうやって死のうか思案中、何故だかあの井戸が頭に浮かんだ。

どうせ死ぬなら、最後にあの蓋を開けてみたい。中を覗いてみたい。

一度思い立ったら、我慢できなくなった。

早速、井戸に向かう。じっくり見たことはなかったが、いかにも何かありそうな佇まいだ。

しっかりした蓋である。かなり重い。それでも頑張って少しだけ開いた。

その途端、井戸の中から目に見えない何かが噴き出した。

濃厚な空気としか言えない何かだ。それをもろに顔面に受け、吉永さんは仰《の》け反った。

一瞬、熱さを感じたが、顔面は何ともなっていない。それどころか、何だかとてもスッキリしている。

洗顔直後のような爽やかさがある。顔だけでなく、頭の中も晴れ渡った気がする。

吉永さんは、とりあえず蓋の隙間から懐中電灯を差し込み、井戸の中を照らした。

底に水が溜まっている。

そこに女の顔が浮かんでいた。

悲鳴を上げるより先に身体が動いた。吉永さんは蓋を閉め直し、走って逃げた。

自室に戻り、先ほどの女の顔を思い出した。恐ろしいのは勿論だが、不思議と厭ではない。それどころか、美しいとさえ思えてきた。

結局、吉永さんは井戸に戻った。蓋を開け、女と見つめあって過ごしたという。


その後、吉永さんは井戸の側で暮らし始めた。

布団も持ち込み、片時も側を離れず、井戸に話しかけて過ごしている。

時々、井戸の水を飲む。美味い。甘露とはこのことかと感動する。

その都度、井戸の底の女と目が合う。

大好きでたまらない。向こうもそう思ってくれているのは間違いない。

それほど残されていない人生だけど、最後の最後は幸せになれた。

話を終えた吉永さんはペットボトルを取り出した。中身は、出がけに汲んできた井戸の水らしい。

これさえあれば、井戸から離れていても一心同体だからという。

吉永さんは蓋を開け、藻が混ざった緑色の液体を美味しそうに一口飲んだ。

鬼行

八木商店

「護摩焚きが効いたのかどうか分からないと言われましたけど、効果は感じられなかったと？　何故です？」
「あれからもう三十五年経ちますが……ふと思うんです。僕はあのときを境に、自分であって、それまでの自分ではなくなったのではないかと」

私にこの話を聞かせてくれたのは五十代半ばの知人男性で、ここでは仮にAさんと呼ばせて頂くことにする。以前から私とAさんとは面識があったが、仕事上の付き合いでしかなく、互いにプライベートを語ることはなかった。あるとき、経営者同士の会合の食事会の席で、「不思議な体験や幽霊といった怖い体験をした方がいたら聞かせてもらいたいんだけど」、と誰に言うでもなく私は口ずさんでみた。そのとき、「昔、学生の頃、一度だけ」と囁くような呟きが私の耳に届いた。私は声のした辺りに目をやった。すると一点を見つめたまま何かに想いを馳せるAさんが目に留まった。普段からいつも笑顔のAさんが、そのときは妙に表情を曇らせていたのが気になった。私はAさんの傍に寄りその席では聞かず、日を改めて詳しくお話を伺う約束を交わした。

会合から一週間ほど後、話を伺うに当たり、私はAさんの会社に赴いた。約束の午後二時の空は一面に灰色の薄い雲が広がり、それはこれから聞く話を暗示しているかのようだった。Aさんは長年保険代理店を営んでおり、中年の女性パートさんを二名雇っている。私はパートさんの一人に出迎えられ、応接室に案内された。席に着くと別の女性がコーヒーを淹れて入ってきた。

「Aもすぐ参りますので、ちょっとお待ちください」

静かな応接室で待ちながら出された熱いコーヒーに息を吹きつけていると、ドアの向こうから慌ただしく床を駆ける靴音が聞こえ、応接室のドアが勢いよく開いた。

「すんませーん。お客さんの電話が長引きまして」

息を切らせながらAさんが駆け込んできた。Aさんの後から、先ほどコーヒーを運んでくれたパートさんが、Aさん専用のカップを持ってきた。Aさんは彼女に、「すんません、ありがとう」と気遣いの言葉を掛けると、彼女は「ごゆっくり」と微笑んで出ていった。

「Aさん、お忙しいところお時間頂いてありがとうございます。早速構いませんか」

私は礼を告げ、本題に入っていった。Aさんはコーヒーを一口含み、応接室の窓越しに見える空に視線を移すと語り始めた。

「社長は自分の行動は管理できてますか？」

普段、私はAさんから社長と呼ばれている。ここでも普段通り書かせて頂くことにする。

Aさんからの唐突な問いに私は自身を顧みた。

「考えたことないけど、自分の行動は一応管理できてると思いますよ」

「そうですよね。変なこと訊くなぁと思われたでしょ？　実はね、学生の頃に体験した奇妙なことはそれに対する回答であって、あのときの僕には答えられなかった内容なんです」

そう言うと、Aさんはポケットから折りたたんだ白いハンカチを取り出し、テーブルの上に広げた。開いたハンカチには黒いブレスレットが包まれていた。

「数珠？」

「はい、普段から持ち歩きはしませんが、今からお話しする話の後のほうで数珠が出てきますから、今日は持ってきました。何処から話したらいいのか頭の中の整理が付いてませんが、とりあえず時系列を追って話していきましょうか。まずはええと、後から分かったことなんですけど、僕の怪異は夏休みに大学で一週間ほど古書整理のバイトをしたことに起因します。四年生の夏休みのことです。前期試験が終わった翌日から、親しかった助手先生に頼まれ、日当五千円、おまけに夕食は好きな物を奢ってもらえるということで、二つ返事で引き受けました。ちょくちょく研究室に出入りしてたものだから、助手先生と仲良くなりまして、それでお誘い頂いたんです」

「大学の古書整理となれば膨大でしょう。そこそこの人数でされたんですか？」

「学部の予算の都合上、求人は一人だけだったので、僕一人でやりました。僕は文学部の史学科出身でしてね、大学に大昔から埋もれている古書の整理と聞いて、おっ、面白い発見があるはずだとワクワクしました。一週間はあっという間に過ぎ、バイトが終わった翌日には帰省して、夏休み中は就職活動で連日会社訪問。地元での就職志望でしたから、内定もらった地元の企業に就職することに決めました。懐かしい思い出です。で、内定も決まり、夏休みも終わって後期が始まった。大学は東京だったんです。友人の中には内定をもらってない者もチラホラいましたが、そんな友人達をよそに、自由でいられる最後の学生生活を謳歌したいと思い、卒業論文もサッサと片付けようと思いました。十月の半ばくらいのことです」

　Aさんの話に耳を傾けながら、私は自分の学生の頃を振り返っていた。大学四年と言えば、この先の自分の居場所となる就職先を決めなければならず、皆一様に大きな岐路に立たされる。私は就職活動はせず、修士への進学を希望していたので、大学四年の十月はそろそろ受験勉強の段取りを考えていた頃ではなかろうか？

「あれは十一月かなぁ？　奇妙な現象が起こり始めたのは。卒論作成に取り組みだして、暫くして大学の友人達からね、『こないだどこそこにいたよね』とよく言われるようになりました。でもね、社長、僕、そんな記憶ないんです。記憶喪失とかじゃないですよ。遠くから見かけたのなら、服装や髪型、バッグとか大体当時の男子学生なんて似たり寄ったりじゃないですか、他人の空似、人違いだろうって。でもね、みんな、言い張るんですよ。僕に間違いないと。僕には全然記憶にないのに、友人達はね、学内のどこそこで誰々といるところを見たよとか。声掛けたけどシカとされたとか。会うたびに身に覚えのないことを言われましてね。『一体何の話？』、とちょっとムキになって訊き返すのもしばしばで、そう言うと、逆に僕のほうがおかしなことを言ってるように思われましてね。そんなことが頻繁に起こり、気が付けば人間関係がおかしくなってしまいました。話がかみ合わない上に、お互いが自分が言ってることが正しいと主張するもんだから、ついつい感情もヒートアップしてしまい、些細な話から口論となり、仲たがいですよ。友人達の間で、僕はトラブルメーカーの烙印を押されてしまいました」

先にも述べたが、私が知るAさんは、常に周りに気を配り、笑顔を絶やさず、他人とトラブルを起こしたりはしない。ましてや保険代理店を営んでいるのだから、学生の頃にトラブルメーカーだったなど、私には想像が付かなかった。

「僕は完全に周囲から孤立してしまいました。で、一人打ちひしがれてたある日のこと、夜の十時過ぎ頃だったかなぁ、一本の電話がありました。うちに掛けてくるのは親くらいでしたから、どうせまた説教だろうと思い、取らずにそのまま放置したんです。電話は留守電の録音に変わり、静まり返ったワンルームの部屋に相手の声が聞こえてきました。驚いたことに、それは親じゃなくて友人のBでした。『ん？　何でB？』、と疑問と不安が過ぎりました。Bはね、他の連中と違い、僕に変なことを言ってはこなかったから、何か嫌なこと言われたら嫌だなぁと思いながら、ドキドキしながら耳を澄ましてました。

『Bだけど、夜分に悪い。卒論の進み具合はどう？　息抜きに近々うちに遊びにこない？』

Bの電話はとても短く、わざわざ電話してくる内容じゃなかったので、余計に変だなぁと思いました。というのも、電話があったその日、大学の研究室でBと会ってましたから。だから、何故、そのとき言わなかったんだろうと不思議に思いましてね。電話が切れた後、掛け直したら、Bはすぐに出ました。

『突然だけど、明日の夕方以降予定なければ、大学の帰りにうちに来ない？　明日はCもくる。どう？』

Bの言うCも、Bと同じく、僕におかしなことを言いませんでしたから、ここのところ根詰めて卒論やってたから気分転換でもしようかな、翌日は大学に行く用事はないけど土曜日だし、Ｂ宅で久々に飲み会するのもいいかもなと思いました。それで次の日、授業が終わる頃に大学に行って、待ち合わせの学内の売店でＢとＣと落ち合い、Ｂのアパートへ向かいました。道中の商店街で夜御飯のおかずとビールを適当に買って、久々に友人達との会話を満喫しました。ところで社長は霊能者ってどう思います？　信じます？」

「人にもよると思います。テレビに出てる霊能者は偽物が多いって聞きますよね。祈祷師は何か怪しげで、眉唾物なイメージ。霊能者が何か？」

「この僕を誘ったＢなんですけどね、彼、霊能者なんです。僕もそのとき、あの日、Ｂのアパートに行ったときに初めて知りました。因みに、Ｃはお寺の息子で、今は親の後を継いでお坊さんしてます。で、Ｂのアパートに着くと、二人の女性が僕らの帰りを待っていました。僕は初めて見る顔で、大学で見かけたこともありません。二人ともＢの知り合いで、Ｃとも面識がありました。僕らと同世代で、Ｂから紹介されたんですけど名前は覚えてません。仮にＸさんと、Ｙさんとでもしときましょうか。二人に会ったのはそのときが最初で最後でした。Ｂ、Ｃにはそれぞれ大学に彼女がいて、僕も面識がありました。ただ、Ｂの彼女より、Ｘ、Ｙの二人のほうがＢとの付き合いは長かったのは確かです。と言っても男女の関係ではなく、その日、僕がそこで体験したあること繋がりでですけどね」

「じゃあ、その日は飲み会が目的ではなかったんですね。その日Ｂさんのアパートを訪問する本当の目的はAさんも知らされていなかった訳だ」

「そうなんですよ。もし電話で本当の目的を知らされてたら、絶対に行ってないです！」

「Bさんのアパートで何があったんです？」

「生まれて初めての体験でした。お祓いです」

「お祓い！　じゃあ、X、Yのお二人も霊能者？」

「はい。Bが祈祷やお祓いをするときは、サポートにXかYのどちらか一人が必ず付き添いで入ると言ってました。Bは家系的にそういった体質で、小さい頃から色んなものが見えていたそうです。Bの御兄弟は皆霊媒体質で、彼の父親に至っては田舎で実業家の傍ら、ボランティアでお祓いも請け負ってたそうですからね」

「霊能力は遺伝するんですね。私はそういう方とは一度も御縁がないから、テレビの中の世界でしかない。それにしても、普段はX、Yさんのどちらかが付き添うにも拘らず、その日は二人いたというのは、一人ではサポートしきれないと思われたからですか？」

「ええ。僕はそのとき、Bにアパートに呼ばれた本当の理由を知らされビックリしましたよ。『落ち着いて聞いてくれ』、そう言ってBは理由を話してくれました。それはとても意味不明で、到底理解できるものではなかった」

Aさんはハンカチに包まれた数珠を左手首に着けると、話を続けた。

「そのとき、Bからこれとよく似た数珠を渡されました。左手に着けるよう言われ、僕は意味不明で逃げ出したい気分でしたが、その場の空気というか、四人が僕を見つめる視線に気圧されて、言われるがまま数珠を左手首にはめました。僕がBの言葉に従ったことで、Bは安心したらしく、それから語り始めました。

『大学での君の噂は聞いてる。その件でA自身は身に覚えのないことを言われ、気分を害していることも分かってる。一つ確認なんだけど、ここ二週間で大学には何日顔出した？』

僕は多分週に二回、火曜日と金曜日に、卒論の主任教授が大学に来てるときだけ行ったと言いました。その頃は卒論を早く仕上げることに集中してたから、ほぼ大学には行かず、家に籠もってワープロに打ち込んでました。当時はパソコンではなくワープロでしたね。ワープロですら持ってない者も多く、今と違い手書きの卒論が主流だった時代です。

『なるほどな。間違いないか？』

再度そう訊かれたので、間違いないと答えました。すると、Bはね、まるで癌患者に余命を宣告する医者のような面持ちで僕にこう言いました。

『俺は毎日、会ってたよ。大学で』

はぁ？　思わず驚嘆の声が出て目が点になりました。Cも続けて言いました。

『図書館で連日遅くまで卒論してるよね。閉館まで資料調べしてると、助手先生から聞いて感心してたんだ』

Cのこの一言は冗談抜きで腰を抜かすほどビックリしました。BもCも絶対に間違ったことやいい加減なことを言う人間ではなかったから、僕はその場で固まってしまい、何が本当なのか、何が正しいのか、今ここにいる自分は本物の自分なのか、BとC、そして他の連中が接した自分は何者なのか等々、色んなことが一度に頭の中を駆け巡って気持ち悪くなりました。更にBが訊いてきました。

『今、Cが言ったように、大学の図書館で閉館までいたことは?』

そんなことは絶対にしないと強く言い返しました。わざわざ大学で作業したくないから、必要な資料を大学から借りて、家に何冊も持ち帰っていた訳ですから。Bは言いました。

『一見すると何ら変なことじゃないよ。でもね、明らかに奇怪《おか》しな点があるんだよ。同時刻に違う場所でAを目撃した話が聞かれるようになったんだ。ある者は駅で見たと言い、また別の者はその時刻には図書館でAを見たと言う。挙げ句の果てには、今日もAの生霊と会ったと言い出す者も出始めた。いや、心配ない、それ、生霊じゃないから。とにかくAの同時多発出没をみんな不気味がってる。それで昨日Cと話したんだよ。Aは憑かれてるなって』

憑かれてる……。それが自分。僕には全く身に覚えのない話でした。でもね、それは僕の認識で僕以外の人達の認識はそうではなかったんです。Bは言いました。

『もし憑かれていたなら合点がいくんだよ。俺の知る限りAは本来、穏やかな性格で陰口も言わない。不平不満、愚痴もAの口から聞いたことはない。他人に辛辣な言葉を吐くこともないし、口論を自ら招くような挑発的なところもない。ましてや、他人を愚弄する発言は絶対にない。が、ここ最近のAはそれだったんだよ。最初は卒論が思うように進まずイライラしてるのかなと思い、遠目で見ていたんだけどな、日に日に悪態は酷くなっていく一方で。ちょっと前から薄々変だなぁとは思ってたけど、この時点で、もうこれは完全にAじゃないなと。しかし、確証がなかったんだよね。もし憑依されてるなら早い内に祓って清めておいたほうが身のためだと思い、それで昨夜、突然だったけど電話した訳よ。昨日、昼間、研究室で会ったときのこと覚えてる?』

僕は頷きました。

『昨日会ったときは普段のそれまでのAだったよ。今ここにいるAも俺の知るAそのもの。だとしたら、A、君以外の何者かがAの姿を借りて独り歩きしていることになる。今からAに憑いている者を祓ってやるから、もう心配ない。俺、そういうの見える人間なんで、憑依されてる人を見れば分かるんだよ。だけど、Aの場合、俺には分からなかった。君に憑いてる者は俺の存在に気付いているはず。その上で俺に気付かれないように姿を隠してるから厄介だ。怖がらせるつもりはないけど、正直、君より俺のほうが怖くて自信がない。だから万が一に備えて、サポートとして急遽三人に集まってもらったんだ』

そのときのBの声は震えてました。力なくC、X、Yに視線を向けたまま、これから行うお祓いのことを考えていたんでしょうね。そして、BはXとYに準備ができているか訊くと、僕を襖で仕切った奥の部屋に導き入れました。言われるままに奥の部屋に入ると、そこには大きな祭壇が置かれていて、お札や、神、仏の大きな木彫りの像が飾られてました。とても異様な空間で、今すぐ逃げ出したい気分になりました。祭壇の正面に敷かれた座布団に楽な姿勢で座るよう言われたので、腰を下ろしました。誰かが祭壇の二本の大きな蝋燭に火を点け、そして、僕の前にBが祭壇に向かって座り、残りの三人は僕の背後から僕を囲む形で座り、Bの掛け声でお祓いが始まりました。

社長、実はね、お祓いされてるときのこと何も覚えてないんです。どのくらいの時間してたのかも分かりません。Bがどんなことをしたのか全く記憶にない。その間、眠ってたんでしょうかねぇ？　いや、寝てた感覚もなかったけど、意識はなかったんです。意識が戻ったのはBの大きな気合いが頭の中で鳴り響いたときで、Bに『はい、おつかれさま』と背中をポンポンと叩かれて完全に視界が戻りました」

「Aさんに憑いていた者は何だったんです？」

「Bが言うには、数体の古い霊が憑いていたそうです。Bが気付かなかったのは、どうもね、その数体の古い霊は、恐らく生前に修験道か仏教か、何らかの修行をしていたんじゃないかと、だから、Bに気付かれないように気を消していたんだろうと」

「人に取り憑くのは邪悪な霊とばかり思ってましたけど、そうとは限らないんですね。時には修行された方の霊が取り憑く場合もあるのか。相手が修行者だけに厄介でしたね」

「ええ。と、言いたいところですが、社長、本題はこれからだったんです。Bに背中を叩かれ、僕も正気に戻り、ちょっと遅くなったけど、今から隣の部屋で食事の支度でもしようかと、Bが言って、立ち上がろうとしたそのときでした。

パーンッ！

部屋中に鼓膜を破るような大きな爆発音が響き渡り、僕の左手の数珠が弾け、粉々に砕けた破片が勢いよく四方八方に飛び散りました。そして、それと同時にXがその場にひっくり返ったんです。後頭部を激しく床にぶつける鈍い嫌な音が響きました。その場にひっくり返ったXは、その瞬間取り憑かれたんです。Xは霊媒でした。彼女の口からは男とも女とも判別の付かない乾いた声が漏れ、

『初めは火、次は水で滅ぼす』

そう言った途端、Xは白目を剥いて気を失い、大きな鼾《いびき》をかいてその場にグッタリしま

した。そのとき、その場にいた僕以外の三人が一斉に叫んだんです。

『鬼だ！』

僕には何も見えなかった。三人が言うには、数珠が弾けた瞬間、頭に角を生やした黒い人型の影の塊が、僕の身体からまるでトレーナーを頭から脱ぐような感じで抜け出し、そのまま隣のXに覆いかぶさった。そして、そのままXの身体を覆い包むようにして吸い込まれていったそうです。それから、Xが言葉を発して気を失う瞬間に、眉間から黒い靄がスーッと出てきて、それは煙草の煙が空気に紛れてかき消されるようにいなくなったと」

「ということは、Aさんに取り憑いた本当の正体は鬼だった訳ですか」

「はい、そうだったんです。Bが祓った修行者達の霊は、そいつを封じ込めるための霊だったらしいんです。B達は奥に潜む鬼の存在に気付かず、鬼を封じていた修行者達を誤って祓ってしまったんです。もう食事どころではなくなりました。血相変えたBが言いました、

『俺には鬼は祓えない！　鬼を抑え込んでいた霊を間違って祓ったことで、鬼の封印を解いてしまった！　失敗だ！』

えっ！　失敗って……？

そのときは怖いというより呆気に取られました。CとYは、Xを介抱してますしね、何か僕一人、その場に置き去りにされた気がしてね。で、

『今日はもう遅い。明日、朝一番にお不動さんを祀った寺で護摩を焚いてもらってくれ！』

狼狽するBにそう言われ、結局、その日はBのアパートには泊まらず家に帰ったんです。その日の晩は眠れなかったですね。恐怖心からではなく、翌朝、護摩を焚いてもらえるお寺のことを考えてました。まだネットのない時代でしたから、情報を集める手段がないじゃないですか。だから、当時住んでいたアパートから自転車で行ける距離にお不動さんなかったかなあと記憶を頼りに、考えてました。何か所かあるのは知ってたので、何処にしようかなと。朝になり一睡もしてなかったけど、早すぎるのも何なので八時を過ぎた頃に、結局一番近い所に伺いました。御住職に怪訝そうな目で見られましてねえ。大学生が朝早くに護摩を焚いてほしいと来たら、怪しいじゃないですか。確か、五千円お支払いしたのかな？　学生にとって五千円は大金でしたから、勿体ないなぁって気持ちのほうが大きかったですよ。護摩焚きが効いたのかどうかも正直分からないです」

「護摩焚きが効いたのかどうか分からないと言われましたけど、効果は感じられなかったと？　何故です？」

「あれからもう三十五年経ちますが……ふと思うんです。僕はあのときを境に、自分であって、それまでの自分ではなくなったのではないかと」

「お祓いの後、Bさん達に被害はなかったんですか？」

「彼らには被害はありませんでした。ただ、この三十五年を振り返ると別の意味で被害が拡散したように思うんです。護摩焚きもBと同じく失敗で、更なる封印を解いてしまったんじゃないかなぁと、そう思えてなりません」

「と言いますと」

「B達には言ってないことがあるんです。あの日、Bのアパートでお祓いしたとき、誤って僕に憑依した鬼の封印を解いてしまったと言ったじゃないですか。封印が解かれた鬼は、Xの身体を借りて意味深な言葉を言いましたよね。初めは火で次は水って奴です。

こじつけかもしれませんが、鬼が解放された後、日本の景気は徐々に衰退していきました。昭和が終わり、バブル経済は崩壊、奇怪な宗教が流行り、そして何年かが過ぎて関西で阪神淡路大震災が起こり、戦後最大の大惨事で多くの死傷者が出ました。阪神淡路大震災は火。その後も色んな未曽有の事態が起こり、落ち着く間もなく今度は東日本大震災で、これは水。最近特に気になるのが、日本の至るところで起きてる水害による被害。これは古地図では人が住むには禁忌とされた土地が開拓され、新たにできた街が土砂崩れで流されたというニュースもちょくちょくあります。僕が学生の頃、開封してはいけない物を開いてしまったのと同じことを、多くの企業が犯してしまったのではなかろうかと思えてならないんです。みんな、知らず知らずのうちに禁忌に触れ、先達が封じた呪いを解く手伝いをしてる。Xの身体を借りて鬼が言った火と水に関して、後日Bが言いました、『火と水で、カとミ。つまり神だ』、と。

話は戻りますが、僕がB達に言ってなかったことというのは、そのときに書いていた卒論に関係することなんです。実はBのお祓いを受けた頃、僕は鬼について調べていたんです。その年の夏に大学で古書整理のバイトをしたと最初に話しましたよね？　実は、卒論の資料で使ったのは、そのときに見つけた何冊かの古い文献で、書物の名前は忘れましたが、毎日朝から夜遅くまで家に籠もって解読してました。その中で偶然鬼の記述を見つけ、調べるようになりました。多分、そのときにはもう、僕は鬼に魅入られてしまってたんでしょうね。これは僕の推論ですが、あの書物には修行者達の法力で鬼が封印されていたんじゃないかなって。それを僕がこっそり持ち出して封印を解いてしまった。Bは誤って鬼を封じていた修行者達の霊を祓ってしまったと悔やんでましたが、きっとBも鬼に利用されたんです。鬼はね、Bの力で修行者達の封印を解こうとB達を利用したんですよ。身に覚えのない僕の目撃現象、これはB達を誘い込むための餌だったんです。鬼は我々人間よりも遥かに頭が良いんです。昔掛けられた呪いを解くために、永い間じっと身を潜めて、いつかいつかとタイミングを見計らっていた。鬼にしてみればそれはさほど永い時間ではないのかもしれません。ともあれ、僕達はいいように鬼に使われたんです。鬼は恐らく仏教や神道の呪術で抑え込まれたんだと思いますが、もしその力が人に向けられたとしたらどうなるんでしょうね。社長は衛門三郎《えもんさぶろう》の話は御存じですか？」

「四国八十八か所巡りのきっかけになった話ですよね？」

「そうです。あの話って理不尽でしょ。弘法大師が松山に来たとき、托鉢に衛門三郎宅に伺いますが、強欲な三郎は弘法大師と知らず、このみすぼらしい旅の僧を追い返します。それでも僧は連日三郎宅に伺い托鉢を乞いますが、八日目に三郎は托鉢の鉢を叩き割り、八つに砕け、以後、その僧は姿を見せなくなった。そして、奇妙なことに翌年から三郎の八人の子供達は毎年一人ずつ死んでいった。これって弘法大師の呪いでしょ？」

「托鉢を断られ、鉢を割られた代わりに、弘法大師は三郎の八人の子供の命を奪った。三郎は弘法大師を呪い返さなかったんでしょうか？」

「呪うどころか、三郎は弘法大師に直接会って謝罪しようと、四国中訪ね歩きますよね。それが今の四国八十八か所巡りになっていく訳ですから。でも、ほんとのところは弘法大師を殺害しようと追跡していたのかもしれませんがね」

人を呪わば穴二つ。この御時世、他人を呪ったことがない人はいないだろう。保険代理店を営むAさん、彼は人の災いの後始末をその生業としている。災いはいつ起きるのか予測できるものではない。他人の業を垣間見、そのたび、恨みつらみを事務的に処理していくAさん。彼が今の職に就くことも鬼の計らいだったとしたら……。

鬼は隠《オン》という語の響きが転じてオニとなったと聞く。日本は昔から隠す文化だと言われるが、人の心の中ほど隠しやすいところはない。誰もが心に鬼を住まわせ、誰かを呪っている。鬼が消え去る間際に残した「火と水」による災いの言葉は、神を暗示する意味深なものだった。森羅万象に宿ると言われる日本の八百万の神々。それは森羅万象の一つ一つにその身を隠しているとも言えるだろう。呪いの成就に祈りを捧げる者は誰？

Aさんが封印を解いたのは果たして鬼だったのだろうか？

それとも……。

御守り

営業のK

佐伯さんはそれまで、毎年自分で地元の神社に足を運び、初詣のついでにお気に入りの御守りを手に入れていた。

しかしその年は足を怪我してしまい、車の運転もままならなかったため、仕方なくネットでいつも購入している御守りを探すことにした。

ネットで本当に御守りを購入できるのか？　という不安を感じながらの作業だったが

ネットで「御守り」と検索してみるとそんな不安はすぐに払拭された。

とにかくネットでは本当に多種多様な、そして有名な神社の御守りまでもが当たり前のように販売されていた。

しかし、いつも購入している地元の神社の御守りはやはり販売されてはいなかった。

だから彼女はその時点で御守りを通販で購入するのを諦めて、知人や友人に頼んで怪我で動けない彼女の代わりに地元のその神社に直接足を運んで御守りを買ってきてくれるように頼むべきだったのかもしれない。

しかし、彼女はそのとき目移りしてしまう程に多くの御守りが売られているサイトを見つけ、完全に気持ちが舞い上がってしまっていた。

そして、その中から最も高価で御利益がありそうな有名な神社の御守りをネット通販で購入した。

朱赤に金色の縁取りと文字が入った御守りだった。

実際にそれを手にすると、何か運命的な出会いをしたときのように身体にビビっと電流が走る感覚を覚えた。

この御守りは本物だ……これさえ持っていれば何も恐れる必要はない。

そう思わせるほどの何かがその御守りにはあったのだという。

実際、その御守りを肌身離さず持ち歩くようになってからは本当に幸運なことが続いた。

階段から足を滑らせて落ちたときも怪我一つしなかった。

横断歩道を渡っていたとき、車に轢かれそうになったがやはり怪我一つ負うこともなく、逆に車を運転していたドライバーのほうが怪我をした。

急に眩暈がしてその場に倒れ込んだときも、運よくその場所が病院だったことで難を逃れることができた。

正にそれらは彼女にとっては神の守護による奇跡に感じられたそうだ。

しかし、本当にそうだろうか？

そもそも、それまで彼女は階段から足を滑らせることも、事故に遭いそうになったことも、そして急に眩暈がして体調を崩すこともなかったのだから。


それからも彼女は幾多の厄災に襲われることになる。

怪我や病気が頻発し、仕事でも大きなミスをして会社を辞めざるを得なかった。

再就職をしようにも身体が言うことを聞かず、部屋で寝ているだけの生活になった。

おまけに、寝ているといつも誰かの足音が彼女の寝ている部屋に近づいてくるような気配がして、恐怖に震える時間が多くなった。

挙げ句、両親が相次いで亡くなり、仲の良かった親戚までもが早逝するという事態。

流石に変だと思った彼女は、生まれて初めて自分で情報を集めて霊的なお祓いを得意としている神社を訪問した。

神主は彼女を見るなり、

「このままの状態では御神体の前に連れていくことはできません。そうですね……持ち物を全て拝見させていただけますか？」

そう言って彼女が身に着けていた物を一つ一つ手に取って確認した。

そして例の御守りを見つけた神主は、

「原因はもう分かりました。この御守りですね……」

そう言って御守りの中身を彼女の目の前で全て取り出した。

御守りの中には想定外の物が入っていた。

幾重にも折りたたまれた紙、一枚の生爪、綺麗に結われた髪の毛、そして乾燥し干乾びた何かの肉片。

それを見たとき、彼女にもそれが御守りの中身ではないと感じたが、次に神主が発した言葉に身体が凍り付いた。

「これは呪いですね……不特定多数の人間を狙った呪いです」

神主は確信を持った目でそう断言したという。

勿論、彼女には誰かに恨まれている心当たりはなかったし、何より通販で売られている以上は無作為の、不特定多数の見知らぬ人間を狙った呪いなのは間違いなかった。

しかし、それこそが彼女にとって恐ろしいことだった。

こんな方法で呪いを掛けられるのだとしたら、一体何を信じればよいのか、と。

御守りは、その神社で引き取って処分してもらうことになった。

お金は最低限の金額のみ支払ったが、それでも三日ほど過ぎた頃には急に身体が軽くなり、それ以後彼女の健康は戻り普通の生活を送れるようになった。

しかし、だからといって亡くなった両親や親戚が生き返る訳ではない。

彼女は現在、再就職を果たし、普通に健康的な生活を送っているが、あれ以来、御守りの類を買おうという気にはなれないそうだ。

そして、御守りを呪いの道具として利用した誰かに対して、深い憎悪の念を抱きながら生きている。

呪いは新たな呪いを生む。

それも呪いの恐ろしいところなのだ。

呪転車

黒木あるじ

S君は十代の頃、関東圏の専門学校に通っていた。

学び多き授業、仲良しの友人、楽しいアルバイト——生活自体は充実していたものの、彼には少しばかり悩みがあったのだという。

自転車が、恐ろしい頻度で盗まれてしまうのである。

「だって一年に四回ですよ。ベッドタウンにある駅前の駐輪場とはいえ、幾ら何でも多すぎでしょ。一時期は本気で〝呪われてるんじゃないか〟とビビってましたもん」

二台目は泣く泣く貯金で新しい自転車を購入したが、三台目は流石に中古。四台目に至っては母親のお下がりに乗らざるを得なかった。鍵も二重に掛け「絶対に切れない」と謳っているワイヤーを用意したにも拘らず、四台目の愛車もパクられてしまった。

これ以上盗まれる訳にはいかない。

何とか打開策はないものか悩みに悩んで——ある日、とうとう彼は閃いた。

「さっき〝呪いかも〟って言ったでしょ。だから、いっそ呪い返してやれと思ったんです」

S君は手始めにネット通販で「丑の刻参りセット」を購入し、封入されていた藁人形を丁寧にほぐしてから、アンコと呼ばれるサドルのスポンジ部分にぎゅうぎゅう詰め込んだ。

「座面がボコボコになるかと思ったんですが、意外とイイ感じで逆に困っちゃいました。〝むしろだって、あんまり乗り心地が良かったら呪いの効果がなさそうじゃないですか。〝むしろ盗まれやすくなるかも〟なんて不安になりましたよ」

これでは足りない、もっと強烈に呪われなくては意味がない。

S君は再び煩悶した末に〈追い呪い〉を思い立った。

「追いニンニク的な感じでマシマシにしてやれと思ったんですよ。名案でしょ」

それから数日、彼は〈呪われそうな具材〉を必死で掻き集めた。

卒塔婆を折って木屑を集め、墓石から剥がした苔を乾燥させて粉にする。お地蔵さまの色褪せた涎《よだれ》かけを細かく切り刻み、鳥居にカッターを当てて赤い塗料をこそぎ落とした。

極め付けは、遺骨。半年前に亡くなって自宅で安置していた愛犬の骨壷から〈白い粉末〉を一匙だけ掬い、先述の具材と混ぜあわせたのである。

「途中からはカスタムが楽しくなっちゃって。結構夢中でミックスしていましたね。気分は新規開店のラーメン屋でした」

しかし——健闘むなしく、彼は五度目の盗難に見舞われる。

「流石に落ち込みましたよ。これは〝諦めて徒歩で通うか、学校の近くに引っ越せ〟ってお告げだな……そう思っていたところに、いきなり電話が掛かってきたんです」

警察から。


電話の主は鷹揚に警察署の名前を告げてから「実は……」と切り出した。

「昨日、十代の方が自転車で交通事故に遭ったんですがね。乗っていた自転車の防犯登録シールがそちらの名前になっていまして。もしや盗難かと思い、御連絡したんです」

確認のために署まで足を向けると、確かにそれは彼の〈五代目〉だった。

「でもね、予想に反してチャリには傷一つないんです。事故って言ってたのに変だなと思って訊ねたら……交通課のお巡りさんが〝それがねえ〟なんて顔を曇らせちゃって」

警官によれば、事故に遭った男性はS君の自転車で国道を走行していた最中、いきなり十数メートル後方へ弾けるように吹き飛び、トラックに激突したのだという。

「何それ、ワイヤーアクションかよと思いました。だって、急ブレーキでつんのめって前に飛び出したって言うなら理解できるけど、後ろでしょ。で、そのときようやく自分がしたことを思い出して……少しだけゾッとしましたね」

とはいえ無事に戻ってきたのだから、これ以上文句を言う筋合いはない。S君は無事に帰還した自転車で再び通学するようになった。

「いや、失敗でしたね。あのとき〈具材〉を抜いとくべきでした」


それから数日後の早朝――彼はいつも通り駅前の駐輪場へ愛車を停めようとしていた。

ところが小雨の所為《せい》か普段より台数が多く、なかなか空きスペースが見あたらない。

何とか捻じこめる空間はないかと周囲を見渡していた――その最中。

「おい、邪魔だよ」

S君の脇を通りぬけようと、サラリーマンが肩をぶつけてきた。電車が迫っているのか眉間に皺を寄せ、苛立ちの表情をあからさまにしている。

あ、やばい。下手に抵抗して喧嘩にでもなったら面倒だ――察したS君が一歩退がると同時に、サラリーマンがサドルへ手をついて自転車を強引に押しのけた。

「さっさと退けよ、バカ」

聞こえよがしに舌打ちをしてから、男性は彼の前を足早に横切り――跳ね飛んだ。

「は？」

思わずS君が声を漏らすのとほぼ同時に鈍い音が聞こえ、急ブレーキが駅前に響いた。

先ほどのサラリーマンが、十数メートル先の道路に仰向けで倒れている。

手前には激突寸前で踏みとどまったと思しき車が停まっており、運転手らしき高齢者がぴくりともしない男性に青い顔で駆け寄っていた。

「私が撥ねたんじゃない。いきなりこの人が降ってきたんだ、本当なんだ」

誰にともなく訴える老人を横目に、S君は自転車を停めて改札へと早足で逃げた。

「まさか言えないでしょ。〝その人、呪われたチャリに触っちゃっただけです〟なんて。遊び半分で変な真似はするもんじゃないな……ってマジで反省しましたよ」

では、既に〈呪いの具材〉は抜いたのか――そのように訊ねる私をちらりと見てから、S君はバツが悪そうに頭を掻いた。

「実は……今も詰め込んだままで乗っているんです。だって、危ない目に遭ったらアレを使えばこっそり解決できるじゃないですか。いざってときの保険みたいなもんですよ」

「……いずれ、御自身に跳ねかえってくる予感が拭えませんけどね」

やや呆れ顔の私に向かい、彼は「大丈夫ですよ」と胸を張った。

「自転車も乗る人次第なんだから、呪いだって使う人次第でしょ。まあ……世のなかには巻き込み事故ってのもありますけど、そのときは〝運が悪かった〟ってことで」

最後に、読者諸兄姉の〈巻き込み事故〉を避けるため通知しておきたい。

S君の〈呪転車〉は、カゴ付きの赤いシティサイクルである。

ダカラノロワレル

蛙坂須美

会社員の草太君は現在のアパートに越してからというもの「何者かに呪われている気がする」そうだ。

「洗濯物にね、やられるんですよ」

苦々しい表情で草太君は語る。

彼の住まう部屋はアパートの一階で、窓は道路に面している。近くには幾つか大学や専門学校があるため昼間には学生の往来も頻繁だが、夜間ともなれば人通りはまばら。とはいえ治安が悪い訳ではなく、比較的閑静な住宅街といえるだろう。

アパートは築三十年ほどの二階建てで、外観は古いが、部屋自体はフルリノベーションが入っており快適だ。駅からやや離れているせいか、相場より多少安く借りることができた。ロフト付きの六畳間。窓の外には小さな物干し用スペースが設置されている。越してきて暫くは何もなかったが、いつの頃からかそこに洗濯物を干すと、決まって落書きをされるようになったのだという。

それは例えば「犟」とか「臅」「鉧」などの、日常生活ではあまり目にすることのない漢字で、取材時にお願いして写真を見せてもらったところ、どうやらサインペンで書かれているらしい。全体のバランスを欠いた下手糞な字だが、雑に書き殴ったというよりは小学生くらいの子供が見様見真似で書いたような印象を与える筆跡である。

そんなものが外干ししていたTシャツの背面とかズボンの尻ポケット、ブリーフの股間部分などにぽつんと一字書き込まれているのは、なるほど、確かに気味が悪いことに違いない。「呪われている」と草太君が不安がるのも無理はないだろう。

「で、その漢字が書かれていた日には、絶対に同じ夢を見てしまう」

夢の中で草太君は何処か見知らぬ教室のような場所にいて、藁半紙のプリントにひたすら意味不明な漢字の書き取り練習をさせられている。時刻は恐らく夕方で、窓から差し込む赤い光が手元を照らしている。

圉圉

曩曩

羈羈

そんなことをずっと続けていると、次第に自分が何をしているのか分からなくなってくる。漢字の一つ一つの部首や偏がバラバラに解けて、朦朧とした頭の中を魚のように泳ぎだす。

嫩嫩嫩嫩嫩嫩嫩嫩嫩嫩嫩嫩嫩嫩嫩嫩嫩嫩嫩嫩嫩嫩嫩嫩嫩嫩嫩嫩嫩嫩嫩嫩嫩嫩嫩嫩嫩嫩嫩
堊堊堊堊堊堊堊堊堊堊堊堊堊堊堊堊堊堊堊堊堊堊堊堊堊堊堊堊堊堊堊堊堊堊堊堊堊堊堊
囀囀囀囀囀囀囀囀囀囀囀囀囀囀囀囀囀囀囀囀囀囀囀囀囀囀囀囀囀囀囀囀囀囀囀囀囀囀囀

するとそのうちに、引き戸がガラリと開いて教室に一人の女が入ってくる。ボディラインにぴっちりとフィットしたセクシーなスーツを身に着けたその女の顔はしかし目も鼻も口もないノッペラボーなのだ。

女は草太君の目の前までカツカツとハイヒールの靴音を響かせながら歩み寄ると、

「オマエー！　マダオワラナイカー！　イイカゲンニシナイカー！　ソンナダカラノロワレル！　ネテイルカー！　オキテイルカー！　イッペンシヌカー！」

カタコトでそう叫ぶ（もっとも何処から声が出ているかは謎である）や否や、手にした乗馬用の鞭みたいなもので草太君の首と言わず手足と言わず、手当たり次第、滅多矢鱈に打ちまくるのだそうだ。

「フザケルナー！　ダカラノロワレル！　ナマケモノー！　ゴクツブシー！　ヒョーロクダマー！　イッペンシヌカー！」

「それがもう痛くて痛くて、毎回、絶叫しながら目覚めるんです」

こんな夢を見るのは洗濯物に落書きされたこのおかしな漢字のせいだろう、と草太君は早々に考えた。呪いに相違ない。とはいえ誰かに恨みを買った憶えはない。それに呪いを掛けるなら掛けるでもう少し分かりやすく実害を与えるものにしそうなものだ。が、現に近頃は睡眠が不足していた。上司や同僚から「顔色が悪いぞ」と指摘されることもあった。つまりちゃんと実害は出ているのだ。

そう判断したものの、草太君にはどうしたらいいか分からなかった。

こうした方面に詳しい知人友人はなかったし、インターネットで検索しても同様の事例は見つからない。仕方なく証拠品の衣類を手に近所の交番に向かい、どうにかしてくれと相談したのだが。

「それって要するに夢の話ですよね？　あ、洗濯物に落書きされてるのはホントなのか……。で、現物がこれ。別に写真でよかったのになあ。ま、一応お預かりします。犯人の心当たりは……なし、と。うーん、そしたらまあ、念の為、夜間のパトロールを強化しときますから。また何か不審なことがあったら、遠慮なく来てください」

明らかに面倒そうな対応をされ、それからも洗濯物には不気味な漢字が書かれ続けた。そうしてそのたびに草太君は、夢の中で画数の異常に多い漢字の書き取りをし、峰不二子みたいなプロポーションの女ノッペラボーに虐待されるのだ。

勘弁してくれ、と草太君は思った。

「警察にはその後も何度か行ったんですけど、今じゃ調書も取ってくれません。ああ来たの、みたいな雑な扱いでね。こないだなんて、露骨に舌打ちされました」

そんな話をチェーンのハンバーガーショップで聞かせてもらったのは二か月前のこと。草太君は見るからに憔悴《しょうすい》した様子で、フライドポテトをちびちびと齧っていた。私はメモを取る手を止め、ノートを閉じた。

「その悪夢を見るのは洗濯物に書き込まれた漢字のせいで、それは何らかの呪いであると、少なくとも草太君は考えている訳でしょう?」

「ええ。だって夢の中で女がそう言ってますし……。あの女、何者なんですかね? 僕に向けられた呪いの具現化というか、一種の式神みたいなものなんでしょうか? 怪談作家さんなら御存じなのでは？」

生憎、そんなもののことは存じ上げない。

「それは……正直よく分からないけれども……。だったらいっそのこと、洗濯物の外干しをやめてみたらどうかな？」

「えっ？」

意外、といった表情を浮かべ、草太君は硬まってしまう。

「だってさ、洗濯物を外に干すから、こんな変な漢字が書かれる訳じゃない？」

「……」

「近所にコインランドリーとか、ないの？」

「あ、あります……！」

私の提案に、草太君は目を輝かせた。

「ありがとうございます！　試してみます！」

にしても、どうしてこれまでそんな単純なことに気付かなかったのかな……。

それはこちらの台詞だよ、という言葉をぐっと飲み込み、私は草太君と別れた。

「何か進展があったらお伝えします」

駅の改札に吸い込まれていく彼は何故だか異様に興奮しており、私はえも言われぬ不安に駆られた。

——彼、大丈夫かな？

大丈夫ではなかった。

「言われた通り、コインランドリーを使ってみました」

一週間後、草太君から「また会って話したい」との連絡があり、前回と同じ店で待ち合わせた。彼は以前より更に疲弊した面持ちで、頬がこけ、無精髭が生えていた。絶対に解決していない、というか悪化しているように見えた。まさか目を離した隙に、乾燥機内の洗濯物にあの漢字が書かれていたとでもいうのだろうか。

そう訊ねると、草太君は力なく首を振った。

「いえ、そんなことはなくて、コインランドリーを使った日には漢字は書かれませんでしたし、当然、あの夢も……」

「それなら……」

「ただ、つい先日、職場でこんなことがあったんです」

思い出すのも憂鬱といった風情で、彼はこんな話を始めた。

「折り入って相談があるんだけど、終業後にお茶でもどう？」

と草太君に声を掛けてきたのは、同じ課に所属する三木さんという女性である。

彼の心臓が早鐘を打った。三木さんは十歳以上年の離れた既婚者だが、元々年上好きの傾向がある草太君は、入社時から「素敵な人だな」と憧れを抱いていたのだ。

相談とは何だろう？　仕事の話なら職場ですればいい訳で、わざわざお茶に誘うことはない。こんな期待をするのは倫理に反しているが、ひょっとして三木さんもまた自分を憎からず思っており、一種のアバンチュールを提案されるとか……？　いや、まさか。だって三木さんは一昨年、お子さんを出産されたばかりだし。……もしやそれをきっかけに夫婦の営みが失われたのでは？

そんな妄想が脳内を駆け巡り、草太君は一日、仕事どころではなくなってしまった。

先に退勤した三木さんに続き、草太君は喫茶店に入店した。

「単刀直入に言うとね、あなた、最近コインランドリーを使っているでしょう？　それ、やめてくれない？」

注文した珈琲が届いてもいないうちにそんなことを言われ、草太君は絶句した。

「どうして知っているんですか？」

「夢に見るのよ。何なのあの女？　ノッペラボーみたいな顔して。気持ち悪い」

三木さんの見た夢とは大体においてこんな内容だったらしい。

夢の中で彼女は机に向かい、漢字の書き取りをしていた。場所は教室のような部屋で、窓の外では血のように赤い夕陽が燃えている。教室のドアが開き、目も鼻も口もない女が入ってくる。そうして手にした鞭で、三木さんの身体を幾度となく打ち据えるのだそうだ。

「ソウター！　アノオトコー！　コインランドリーヲツカッテイル！　ダカラノロワレル！　バカモノー！　アバズレー！　ヤメサセロー！　イッペンシヌカー！」

「あなたが誰かから恨みを買ってるとか呪われてるとか、私にはどうでもいいの。仕事以外の付き合いなんてないんだし。だからお願い、関係ない人間を巻き込まないでよ。コインランドリーはもう絶対に使わないで。次にあの夢を見た日には、あなたのこと、絶対に許さないから」

そうまくし立てると、三木さんは足早に店を後にした。

呆然とする草太君の席に二人分の珈琲が運ばれてきた。

「だから結局、外干しに戻したんです。そしたらその晩から、ちゃあんと例の夢を見るようになりましたよ。ほとほとうんざりです。え？　……はい、確かに、引っ越すって選択肢もありますね。ただそうしたせいで、また三木さんの夢にあの女が出てきたらどうするんですか？　今度こそ僕、彼女に合わせる顔がない。会社にだって行けませんよ」

「それなら例えば、監視カメラを設置して犯人を……」

　草太君は弱々しく首を振った。

「今度はそれに変なものが映ってしまったら？　夢だけならまだしも、もうこれ以上、現実に干渉してほしくないんですよ、本当に……」

　今もまだ彼の洗濯物には奇妙な漢字が書かれ、相変わらず夢の中で漢字の書き取りをさせられている。無駄にいい身体をしたノッペラボーの女に鞭で打たれるのも変わらない。


　流石にもう慣れてきてはいるとのこと。

快適呪い生活

つくね乱蔵

「呪いのおかげで快適な高校生活でした」

前田さんは、そんな言葉で話を始めた。

高校時代の実体験だという。呪ったのは前田さんではない。当時、同じクラスにいた佐藤さんがやったことだ。

佐藤さんは、とてもおとなしく目立たなかった。運動も勉強も人並みで、抜きんでた要素など一つもない。他の女子が恋愛やアイドルの話題で盛り上がる中、一人静かに本を読んでいるような子だった。

いつの間にか教室にいて、静かに一日を過ごし、そっと下校する。要するに、誰の邪魔にもならない存在だ。

ところが何が気に食わなかったのか、川井という女子が先頭に立ち、この佐藤さんをイジメ始めた。

川井は裕福な家庭に育ち、見た目もよく、人気者であった。

自分のクラスは勿論、他のクラスや上級生、下級生にもファンが多く、常にグループで行動していた。

イジメるのもグループ全体でやるため、他の者は口出しができない。

初めの頃は軽くからかう程度だったのだが、徐々に内容が悪質になっていった。

佐藤さんが何をされても動じず、無表情で貫き通したからだ。無論、涙など見せたことがない。

これに加虐心を煽られた川井は、最悪の手段に出た。

男子生徒と結託し、女性としての尊厳を奪う屈辱的な行為を強要したのである。

毎日飽きずに繰り返される蛮行に参ったらしく、佐藤さんは二学期の半ばから欠席するようになった。

前田さんは、何とかしてあげたいと思ってはいた。だが、やはり自分が獲物《ターゲット》になるのは怖い。結局、動くことはできなかった。

とにかく一度だけでも佐藤さんに会ってみよう。

助けるのは無理かもしれないが、せめて話し相手になれたら。

何を今更と自分の偽善に呆れながら、前田さんは佐藤さんの家に向かった。

佐藤さんの家は、古い民家が建ち並ぶ一角にあった。

表札に全員の名前が記されていたため、家族構成が分かった。佐藤さんと両親、祖母の四人暮らしだ。

思い切って呼び鈴を押すと、母親が出てきた。当然ながら、険しい表情で前田さんを見つめる。

慌てて自己紹介し、佐藤さんに会えないか訊ねると、母親の表情は僅かに和らいだ。

「ずっと二階の部屋から出てこないのよ。良かったら声掛けてあげて」

そう頼まれ、前田さんは覚悟を決めて階段を上がっていった。

恐る恐る部屋のドアをノックする。

「佐藤さん、前田だけど」

返事がない。もう一度ノックし、来訪の目的を告げる。ようやく室内で物音がした。

暫くして、ドアの下の隙間から紙が差し出されてきた。

「これ、みんなに見せてもらえますか」

ドアの向こうで佐藤さんが言った。

拾い上げて見ると、呪いのリストと大きく書かれている。その横に名前と死因が連ねてあった。

リストの中に自分の名前を見つけた前田さんは、慌てて言った。

「あたし、何もしてないよ」

「そうね。何もしてくれなかった」

確かに佐藤さんが言う通りだ。前田さんは言葉に詰まった。

ドアの向こう側で、佐藤さんはぼそぼそと呟くように言葉を続けた。

呪いを完成させるのは、呪われた人自身。まずは自分が呪われているのだと気付くところから始まる。気付いた後は勝手に自滅していく。

「だからそのリスト、ちゃんと皆に見せてね。やってくれたらあなたは許してあげる」

こんなリストを見せたら、次は自分がイジメの対象になるのでは。

得体の知れない呪いも怖いが、現実のイジメも怖い。どうしよう、どうすればいい。

踏ん切りが付かないまま、前田さんは佐藤さんの家を後にした。

一晩掛けて、前田さんは良案を思いついた。

リストは見せる。ただし、郵送でだ。どうやって皆に見せるかは指定されていない。結果として全員が見ればいいだけの話だ。

クラス全員の住所は名簿に載っている。前田さんはコピーした呪いのリストを封筒に入れ、無記名でポストに投函した。

リストが届き始めた頃から、教室内は目に見えて落ち着きがなくなってきた。

暫くして、呪いのリストから一人目の犠牲者が出た。川井の取り巻きの一人、智美という女の子が三階の窓から転落したのである。

アイドルなみの可愛いルックスを誇る女の子だ。幸い、命に別状はなかった。

ただ、顔面を強打しており、元通りにはならないだろうとのことであった。

これが佐藤さんの力なのか、単なる偶然なのかは分からない。リストで智美を探すと、転落と書いてあったのは確かだ。

嘘か本当か分からないが、智美の背後にピタリと寄り添う佐藤さんの姿を何人もが見たらしい。

週末を迎え、前田さんは佐藤さんに現状を報告しに出かけた。

玄関に忌中の札が貼ってあった。呼び鈴を押したが、誰もいないようだ。

前田さんは、隣家の住人に状況を訊ねた。佐藤さんは、意識を失った状態で母親に発見され、緊急搬送されたそうだ。

それは、智美が転落した日のことであった。

放心した母親も入院し、佐藤さんのお骨はとりあえず実家に戻っているという。

要するに佐藤さんの呪いは、たった一人を転落させるのが精一杯だった訳だ。

前田さんは自宅に戻り、今後のことを考えた。これで呪いが終わってしまうと、川井達はまた調子に乗るだろう。自分は呪いに勝ったなどと自慢するかもしれない。

だとすると、またあの無意味でくだらない日々が戻ってくる。いや、もっと酷くなるに違いない。

散々思案し、前田さんは決心した。


前田さんは呪われる二番手に立候補した。廊下で転倒しただけなのに、足首を骨折したということにする。

効果は抜群だった。クラス全員が佐藤さんの呪いを信じ、教室は一日中お通夜のような状態になったのだ。

前田さんは、新たな呪いのリストを再送した。今回のリストでは、智美と自分の名前には線を引いてある。

メモを一枚同封した。それにはこう書いた。

『このリストからは絶対に逃げられない。ただし、卒業まで行いを正しくしていれば、軽い呪いで済む』

それからの二年間、クラス全員が模範的な生徒になった。

おかげで、とても快適な高校生活が送れたという。

観音像

営業のK

玉田さんが高校生の頃 近所の交差点で悲惨な交通事故があった。

大型ダンプが自転車に乗った女子高生を巻き込んでしまったのだ。

自転車ごと大型ダンプの下敷きになった女子高生は即死。遺体の損傷は酷いもので、とても直視できるものではなかった。

ただこの事故は大型ダンプがスピードを出していた訳ではなく、運転手の不注意で起こした死亡事故でもなかった。

交差点に差し掛かった大型ダンプは信号が青だということをしっかりと確認した上でそのまま左折した。女子高生のほうも交差点に近づいてきている大型ダンプに気付いていて、安全のためにその場で自転車を停めようとした。

ところが、その場で交通誘導をしていた緑のおばさんは女子高生にそのまま行けと誘導してしまった。しかし、大型ダンプは女子高生がいったん停まりかけているのを見て、既に交差点を左折していた。運転手が、何かを巻き込んだような音と振動に気付いて急停止したときには全てが終わっていた。

その女子高生は卒業を控え、就職先も内定して全てが順調な日々だった。

就職難の中、無事に就職先が決まったことに家族もホッと胸を撫で下ろしていたし、彼女のこれからが明るいものであることに疑いなど微塵も感じていなかった。

そんな家族の平和が、ほんの一瞬の出来事で吹き飛んでしまったのである。

しかも、その女子高生の家族と大型ダンプの運転手は、すぐそばに住んでいる御近所さんだった。お互いの顔も知っていたし、会えば挨拶を交わす程度の親交はあったそうだ。

どんな理由があったにせよ、死亡事故の加害者になってしまったならばその罪の重さに苦しみ、謝罪を繰り返すのは当たり前のことなのかもしれない。

だが、その運転手は本当に真面目な人間だったのだろう。

毎日謝罪に訪れ、お墓参りも欠かさない。

賠償金に関しても一切不満は漏らさなかったし、何よりその事故を契機に免許を返納し、車を運転することすらやめてしまった。

ただどれだけ悔やみ全てを捨てて謝罪しても、遺族からすれば何の慰めにもならないのも事実だ。

おまけに、裁判の末に大型ダンプの運転手に下された判決は、ほんの数年の刑期であり、それも執行猶予が付いたものだった。

確かに全ての過失が大型ダンプの運転手にあったとは言い難く、それを裏付けるような多くの目撃情報があったのだから仕方のないこととも言える。

ただ、こんな冷静な思考ができるのは、俺自身が当事者ではないからだろう。

女子高生の両親は判決を受けて嘆き悲しんだ。

何もかもが信じられなくなり、全てがどうでも良くなった。

それは大型ダンプのドライバーも同じだった。

奥さんは離婚し、子供を連れて出ていった。

本来ならば当事者である運転手もすぐにその土地を離れたほうが楽になれたに違いない。

しかし彼はそうはしなかった。

いや、できなかったのだろう。

全財産を遺族への賠償金にあてたため引っ越す余裕などなかったし、何より事故を起こして大切な娘さんを殺してしまった自分は、ずっと遺族の冷たい視線に晒されながら生きていくべきだと感じていたようだ。

その後、遺族は悲しみが緩和されることもないまま、私費を投じて大きな観音像を事故現場に立てた。

最初は誰もがその観音像を娘さんの供養のために建てたものだと確信していた。

しかし、どうやらそうではなかったようだ。

観音像はダンプの運転手の家の方角を向いて立っており、その視線は常にその家に向けられるように計算されていた。

そして数か月後、ダンプの運転手は首を吊って自殺した。

遺書すら残さずに。

女子高生の家族は、それを見届けたかのようにその土地から引っ越していった。

何処に移り住むのかは誰にも言わなかったが、ただ一言、こんな言葉を残していったと近所の人から玉田さんは聞いた。

曰く、ようやく呪いが叶った……と。

事故の当事者が誰もいなくなった今でも、例の観音像は取り壊されることなくその場に残されている。

静かに、そして不自然に感じるほど深い哀しみをたたえた表情を浮かべたままで。

因みに、運転手が自殺した家も当時のまま残されているそうなのだが、近所では「呪われた家」と噂され、買い手も付かず、取り壊す予定すら立っていないそうだ。

言呪

営業のＫ

五感とは目、耳、鼻、舌、皮膚を通じて物事を感ずる能力、視覚、聴覚、嗅覚、味覚、触覚の五つの感覚のことを言う。

そして通常、人間はこの五感を備えて生まれてくる。

もしかしたらそれは人間が生きていく上で役に立つものを神様が与えてくれているのかもしれないが、この世には先天的、或いは後天的に五感の幾つかを失ってしまった人も大勢存在する。

これはあくまで私見になるが、人間は五感の中の一つでも失うと、それを補うために残された他の感覚が研ぎ澄まされたり、五感以外の感覚が目覚めたりすることが多いように感じる。それはまさしく第六感、霊的な感覚であることが多いとも……。

九州に住む竹嶋さんは先天的に全盲で生まれ、按摩をして生計を立てている。

しかし先述のように視覚を備えていない彼には、それを補うかのように別の感覚が備わっている。

それは紛れもない霊感である。

しかもそれ以外にも聴覚、嗅覚、触覚が異様に秀でている。

彼自身はあくまで按摩師として暮らしており、自ら拝み屋と名乗ったことはないのだが、それでも時としてその霊感をフル活用してことに臨む。

神様に生かされ、霊的な能力を与えられた自分だからこそ、自分にできることをして困っている人を助けたい。神様への恩返しとして……。

そう考えているそうだ。

彼には徐霊やお祓いをする技術はない。

ただ霊障で困っている人に対して、そのタイプごとの徐霊に適した寺社仏閣へ行くようにアドバイスしている。

それだけ聞くと、彼の霊的能力はさほど凄いものではないように思ってしまうが、実は彼が最も得意としているのは呪い返しだという。

一般的に、呪い返しは誰にでもできるものではない。おまけに、とてつもない危険が伴う行為だ。

呪いを掛ける技も呪術なら、呪いを返す技も呪術なのだ。

しかも呪い返しができるのは、呪いを掛けた者よりも強い呪力が必要になるというのが通説だ。だとすれば彼は、とてつもない霊感、いや呪力を有していると言わざるを得ない。

彼がどうやってそれほどの呪力や呪法を身に付けたのかは分からないが、彼はいつも呪い返しに関してこんな風に表現している。

呪いは風みたいに吹いてきて、最初は顔に纏わりついてから呪いたい箇所に移動する。そして呪いは、普通の風と違っておかしな匂いがする。

だからそれを手で払いのけて、掛けた本人に返すんですよ。

ただ呪いは寸分違わずきっちり返さないといけません。

余計に返すと自分に返ってくるし、逆に返し残しがあるとその呪いが自分にも掛かってくるので厄介なんです——と。

だから彼は呪いのことを風が吹くという言葉で表現し、呪い返しは風を返すという言葉を使って表現する。

そんな彼に按摩をしてもらいながら世間話をしていた際、彼から「人の文句は言っても良いけど恨んじゃいけませんよ！」と前置きされ、その例えとして聞かされたのがこれから書く話になる。


彼が按摩師として施術するのは男性に限定している。

以前は性別に関係なく施術を行っていたそうだが、以前施術した女性客からセクハラとして問題にされたことがあったらしく、それ以来、女性客には施術しないようにしているそうだ。

彼が行うのはマッサージと灸。

その施術中の世間話のついでに、その人本人や、付き添いの人の悩み事を聞いてはアドバイスを行っている。

そのときも、男性客の付き添いとして奥さんが同伴されていた。

そして、マッサージ中に眠り込んでしまった夫の代わりに、彼は奥さんの悩み事を聞いてあげていたという。

その奥さんがとても美しい方だということは、彼の優れた嗅覚でもすぐに分かった。そうしたことも匂いで分かるらしい。

その奥さんは女性だらけの職場で働いていることもあり、悩みや愚痴は主に、同性に対するものが多かったそうだ。

きびきびとした口調で年下の同僚の動きの悪さや失敗について面白おかしく話していた奥さんだったが、次第に口調も激しくなっていき、愚痴の内容も若い同性への妬みに変わっていった。

「若いというだけで他の男性社員から可愛がられている。だから若い女性の同僚がムカついて仕方ない」

最初はそんな悪口から始まったのが、徐々に奥さんがそれまで若い同僚女性に対し行ってきたイジメの告白へと変わっていく。

「嫌いな若い子を思いっきり罵った」

「ムカついたから泣かせた」

そんな話を聞かされて、彼も次第にいたたまれなくなっていった。

「貴女は旦那さんにも恵まれ可愛い子供もいるじゃないですか？　それだけで幸せだと思わないと……」

そう説得しても奥さんの話が途切れることはなく、奥さんの話は更に暗く陰湿なものになっていった。

ただそのときは偶然旦那さんが目覚めたらしく、話はそこで終わったそうなのだが、それから数日後、今度は奥さんだけで彼の元へやって来た。

そのとき、彼はとても強い違和感を覚えた。

あれ程良い香りがして、目が見えずともすぐに美人だと判別できた奥さんから、そのときにはとても嫌な臭いが漂ってきたそうだ。

そして案の定、奥さんが彼の元を訪れた理由はある依頼だった。

あの後、彼の拝み屋としての噂を聞き付けた奥さんは、旦那さんには内緒で彼の元を訪れたらしい。依頼の内容は、まさしく呪いだった。

一枚の写真を彼に手渡し、「この女を呪ってほしいの！」と頼んできたそうだ。

理由を訊けば、

「この同僚の女は若くて可愛いというだけで社内でちやほやされている。だからこの女が会社を辞めるように呪いを掛けて！」

というものだった。

彼は勿論、その依頼を断った。

「僕は誰にも呪いは掛けません。誰かに掛けられた呪いを返すことしか引き受けません。どうしてか分かりますか？　呪いは全てを壊してしまうからです。つまりその女性を呪えばその女性だけでなく私も、そして貴女も死ぬんですよ」

という言葉を添えて。

しかし、そんな彼の諭しに対して奥さんは笑いながら、

「別にそこまでしなくてもいいじゃない。別に殺してくれって頼んでる訳でもないわ。まあ、死んでくれたほうが清々するけれど」

と平然と言ってのけたそうだ。

彼にはそれが冗談などではなく、本気でその若い同僚を殺してしまいたいと思っていることが匂いから手に取るように分かっていた。

それと同時に、その匂いは何かに取り憑かれているもの特有の匂いだということにも感づいていた。

だから彼は奥さんにこう告げたそうだ。

「あんた、以前とは比べ物にならないくらいに臭いぞ！　すぐに○○神社に行ってきなさい！　そうしないと大変なことになりますよ！」と。

彼は思ったままの言葉を吐いた。

勿論、その奥さんを救わなければいけないという思いからだ。

しかし普通に悪い霊が取り憑いていると言えば良かったものを、つい正直に臭いと言ってしまったことで奥さんは激怒し、捨てゼリフを残して帰っていった。

彼女の旦那さんもそれ以来二度と彼の施術を受けに来ることはなくなったという。

ただ、ここまではよくあることだそうで、彼も特に気にしていなかった。

ところが数日後、彼が寝ていると突然嫌な匂いを感じ眼が覚めた。

そして自分の顔に纏わりつこうとする嫌な匂いの風と、血の塊みたいな匂いを強く感じたそうだ。

彼にはそれが生きた人間の魂が身体から抜け出たもの、つまり生霊だということがすぐに分かった。

嫌な匂いの風が、呪い。

そして血の塊の匂いが、生霊。

つまり呪いと生霊が一緒にやって来ているのだ、と。

しかもその匂いから、元凶は例の奥さんなのだということも瞬時に理解した。

彼は、顔に当たっていた呪いの風が移動しようとしているのを即座に毟り取ると、もう一つの血の塊の匂いにぶつけて念じる。

神様に頼んで、全てを呪いの主の元へ返してもらったのだそうだ。

半年後、彼は他のお客さんからその奥さんの訃報を聞いた。

末期癌だったという。

彼が呪い返しをした頃に体調不良を感じて病院に行ったが、既に手遅れの状態だったそうだ。

しかも医師から宣告された余命よりもかなり早い時期に亡くなったのだと。

勿論、その因果関係は不明だが、どうやら奥さんは拝み屋である彼に対してに呪いを掛けたと周囲に吹聴していたそうで、その事実には彼だけでなく旦那さんもかなりのショックを受けていたそうだ。

「人間だから悪口、陰口は仕方ない。ただ、それが行きすぎると腹に悪いものが溜まって悪い神様が来る。毒は吐き出すのは良いが、人に向かって悪い風（呪い）を当てるものではない。全てが自分に返ってきてしまうんだから」

と彼は言う。

そして、これは後日談というか補足だが、ちょうど奥さんが彼に呪いを掛けた頃、彼女の周囲では、

「あの奥さんからは変な異臭がする」

「人相が変わった。キツイ顔つきになっただけでなく、突然異様に老け込んだ」

と噂になっていたようだ。

やはり呪いは、関わった者全てを壊してしまうものなのかもしれない。

モーニングルーティン

つくね乱蔵

飯島智子さんの一日は、五時四十分のアラームで始まる。

七時までにマンションを出れば余裕で会社に間に合うのだが、必ず五時四十分起きである。

これほど早く起きるのは、寝起きの悪さに加え、モーニングルーティンに時間が掛かってしまうからだ。

トイレを済ませ、シャワーを浴び、眠気を飛ばす。洗面所の鏡で顔面をチェック。

化粧は後回しにして、ニュースを見ながら朝食を済ませる。時折、テレビ画面に向けて呟く。

「しょうもない男。バカ丸出し」

「だーかーらー、こんなジジイはさっさと死刑にすりゃいいんだよ」

「こんな国、丸ごと滅びりゃいいのに」

呟きは勢いを増し、ニュースとは関係ない社内の人間や知り合い、苦情の多い顧客まで罵詈雑言の的になる。

それは化粧を始めるまで続く。最後に鏡に向かい、飯島さんは輝く笑顔でリクエストする。

「仲田課長が風呂場で転んで禿げ頭打って死にますように」

パワハラ、セクハラの権化たる仲田課長に対する言葉だが、呪いなどという重いものではない。お手軽なストレス解消のつもりである。

ここまでが飯島さんのモーニングルーティンだ。社会人になって間もない頃に始め、今年で十五年目になる。

少し前まで、リクエストする相手と死に様はバラエティに富んでいた。通り魔に刺される、暴走車に轢かれる、飛行機が墜ちるなど、思いつく限りの死を口にする。

半月前から、リクエスト内容が固定した。それが禿げ頭の打撲だ。

発生する確率の低い設定より、誰にでも起こりうる死のほうが現実的で想像しやすいと分かったからだ。

その点において、仲田課長は最適だった。性格の悪いゆるキャラと陰口を叩かれる容姿は、格好の材料だったのである。

禿げ頭から血を流し、素っ裸で昏倒する仲田課長を頭に思い浮かべると、腹の底から笑顔になれる。

回を重ねるにつれ、想像はリアリティーを増し、転倒した際の打撲音や悲鳴までも思い浮かんだという。


その日も飯島さんはモーニングルーティンを終えてから出社した。

女子更衣室に足を踏み入れた途端、同僚の吉岡さんが近づいてきた。

「大ニュースよ。仲田課長、救急搬送されたって」

返事もできずに、飯島さんは吉岡さんを見つめた。彼女自身も又聞きのため詳細は不明だが、かなり危険な状態らしい。

その日の午後には、殆どの社員に状況が伝わってきた。

仲田課長は風呂場で転倒し、後頭部を強打したそうだ。受診を勧める妻に、心配無用と笑ってそのまま就寝。

朝、起きてこないので妻が見に行ったら、既に昏睡状態だったという。

飯島さんは自らの行いを振り返り、言い訳を探した。

単なる偶然だろう。どう考えても、そんな力が私にある訳がない。もう何年もやっているのに、今まで一度もこんなことは起きなかったのが証拠だ。

どうにか気持ちは落ち着いたが、不安の種が一つ残った。

呪われた者は死ぬ瞬間、自分を呪った相手が分かると聞いたことがある。

もしもモーニングルーティンが原因だとしたら、仲田課長は私を思い浮かべながら死ぬ訳だ。

霊になって現れたり、呪われたりするだろうか。

お祓いする方法は知らないし、どんな御札が効くかも分からない。防げるかどうかも曖昧だ。そもそも考え過ぎのような気もする。

悩むのを止め、飯島さんは普段通りの仕事をこなし、定時に退社した。

帰りの電車は、そこそこ混んでいた。スマートフォンの漫画を読み終え、ふと視線を上げた飯島さんは、思わず悲鳴を上げそうになった。

窓のすぐ外、仲田課長が横向きに寝そべった状態で飛んでいる。

入院患者が着るような薄緑色のガウンだ。他の乗客が騒がないということは、見えているのは自分だけなのだろう。

目を逸らそうとしたが、何かの力に邪魔されて瞬きすらできない。

仲田課長の唇が微かに動いた。言葉が直接、頭に響いてくる。

「僕、君に呪われるようなことしたかな」

したじゃないか。パワハラ、セクハラやりまくったじゃないか。

答えようとしたが返事に詰まった。だからといって、呪い殺していい訳ではない。ここは素直に謝るべきか。自分にこんな力があるなんて思ってもみなかった、ごめんなさい。

それで許してくれるだろうか。

「僕、君に呪われるようなことしたかな」

もう一度訊いた瞬間、仲田課長は消えた。

あ。今、死んだんだな。息を引き取る前に呪った相手を見に来たのだろう。

そう解釈し、飯島さんは電車の揺れに身を任せ、ぼんやりと外を見続けた。

その夜、仲田課長が化けて出てくるかと覚悟していたが、何事も起きなかった。

飯島さん曰く、何処まで鮮明に相手の死を想像できるかで、成否が決まるのではとのことだ。

仲田課長の葬儀の帰り道、飯島さんは心に固く誓った。

自分に人を呪い殺してしまう力があると分かったからだ。

安易に人を呪う言葉を発してはならないのだ。

飯島さんはモーニングルーティンを変えた。

この力は封印しておき、ここぞというときに使おう。それまでは罵詈雑言だけに止め、具体的な想像は止める。

いざという時、思う存分使えば良い。

今のところ、封印を解除するような相手は現れていない。

の、ようなもの

しのはら史絵

「先週、ヤバイことが起きたんですよ」

ネットで知り合った拓也さんが、興奮気味に以下の話を教えてくれた。

金融業界で営業職として働いている彼は、出張でとある県へと赴いたそうだ。その地域にある多くの小中学校を回るため、上司を中心にチームが組まれた。それから皆、各々担当する学校を割り振られ、別行動になったという。

拓也さん一人で担当した小学校と中学校は、山間にあった。最も近い駅からでも、車で四十分程度掛かる。その二つの学校は隣同士に建っており、中学校のほうから先に行く予定であったという。

駅でタクシーを拾う。と、彼が乗り込むや否や、「お兄さん、何処から来たの？」と、話しかけられた。やたらと愛想の良い運転手であった。明るい性格の拓也さんもそれに応じ、会話は盛り上がったそうだ。

だが、彼が目的地である小中学校の名前を告げると、それまでにこやかに笑っていた運転手は急に黙り込んでしまった。

「そのときは、通るルートでも考えてるのかって、気にも留めてなくて。それよりも訊きたいことがあったんですよね」

怖い話が好きな彼は、タクシーの運転手なら恐ろしい体験をしたことがあるかもしれないと、訊ねてみたそうだ。けれども運転手は、ぶっきら棒な口調で「特にないねえ」と返し、車を発進させた。

がっかりした拓也さんであったが、それよりも運転手の態度のほうに、少しだけ違和感を覚えた。先ほどまでは人当たりのいい接客であったが、ルームミラー越しに見る表情は眉間に皺を寄せ、とても不機嫌そうであり、今もずっと押し黙っている。相手の機嫌を損ねるような話は全くしていないはずだった。

ただ、運転に集中したいタイプの人もいる。彼はそう思い直すことにした。

結局、運転手は出発から到着まで、仏頂面で無言を貫いたそうだ。

が、タクシーから降りる際、運転手から不意に声を掛けられた。

「何時まで学校にいるの？」

腕時計を見ると、時刻は十六時前であった。

二つの営業を合わせて、少なくとも十八時半頃には終わるはず——そう答えると、運転手は「じゃあ、十八時になったら電話して。迎えに来るから」と、わざわざ会社の名刺に自身の携帯番号を書き、渡してきた。

それだけではなく、「できたら、お客さんの携帯番号も教えてほしい」とお願いされた。その言葉に拓也さんは戸惑ったが、運転手曰く、この辺りは田舎だから、タクシーは呼び出さないと来ない。到着した時点でこちらから電話すれば、寒い外で待たなくても済む、とのことだった。

確かに、立春を迎えたとはいえ、まだまだ外は肌寒い。納得した彼は、自分の番号を教えたという。


中学校に続き、小学校での営業も終わり、時刻は十八時を回っていた。

ホッと一息ついたところで、上司から電話が入った。手応えは十分にあったことを報告すると、上司も比較的近くの学校にいるとのことだった。

「こっちも終わったから、これから車で迎えに行くよ」

十五分後には着くと思う。それまで、何処かで待っていろ。

二つの大きな仕事が無事に終わり、安堵していた拓也さんは、この時点で運転手との約束をすっかり忘れていたという。

小学校の教師達は皆、営業が終わると慌ただしく仕事に戻っていった。学校内で待たせてもらうのは、何となく気が引ける。

拓也さんは校舎を出て、上司が来るまで時間を潰そうと、煙草を吸えそうな場所を探した。もう日は暮れていて、外に出ると誰もいなかった。

広い駐車場を抜け、ぐるりと辺りを見渡せば、小さな鳥居が視界に入ってきた。その鳥居は、小学校の駐車場の隣、小高い丘の中腹ぐらいに建てられている。

行ってみると、丘には木製の階段が設置されており、その途中に鳥居があった。

神社というか、摂社だろうな。

ちょうどいい。契約まで無事にこぎつけられますようにと、参拝しておこう。

そう考えた彼は丘の上まで登った。

頂上は畳十五畳ほどの広さであった。だが、拝殿も祠もなく、あるのはベンチと木製の大きな掲示板だけ。

その木製の掲示板の表にはガラスが貼られており、大きな絵が飾られていた。

掲示板の横に、外灯が建っていたのでよく見える。小学生くらいの子供が描いた絵なのだろう。学校を背に、笑顔で万歳をしている一人の男の子の姿が描かれていた。絵の右下には〈〇〇〇〇年卒業生寄贈〉との文字が書かれている。

の、ようなもの

摂社ではなく広場なのだろうか。大きな絵なのに、何故男の子一人だけ描かれているのだろうか。不思議に思っていると、不意に悪寒が走った。外灯の灯りに照らされている男の子の表情もあいまって、厭な予感がひしひしとする。

とりあえず鳥居の外に出よう。

拓也さんはこの広場で待つことを止め、鳥居から抜けた階段の途中で腰を下ろし、煙草を吸いながら上司を待つことにしたという。

と、煙草に火を点けようとしたそのとき。

彼の頭上、ちょうど広場のほうから〈カツッカツッカツッ〉という音が聞こえてきた。

足音に似ている。今しがた上に行ったときは、誰もいないはず、だった。

唾をゴクリと飲む。既に背筋に冷たいものが走っていたが、気になった彼はもう一度、広場に足を運んでみたという。

カツッカツッカツッ　カツッカツッカツッ　カツッカツッカツッ

外灯は点いているが、相変わらず仄暗い。

目を凝らして見ても、やはり隠れるところもない広場には、誰もいなかった。

ただ、音だけは絶えず続いている。

風は吹いてない。と、いうことは、風が何かに当たり、音を出している訳でもない。

耳を澄まして音の出所を探る。すると、どうやら例の絵を展示してある掲示板の辺りから、聞こえてくるようだった。

息を殺して掲示板のほうへ向かった。一見したところ、先刻見た絵と変わりがないように見えた。

「あ」

男の子の顔に、何かが大量に突き出ていた。

何かは、はっきりとは分からない。〈先端が尖った棒状のモノ〉であることは確かだった。

それが男の子の顔だけに、更には顔中何本も突き出ている。

それを見た瞬間、拓也さんは声にならない悲鳴を上げ、猛スピードで階段を駆け下りていった。

地上に下りた後も〈カツッカツッカツッ〉という音は止んでいなかった。怖いモノに追いかけられている可能性を考え、振り返ってみたが不審な音がするだけで、特に異常はなかったという。

の、ようなもの

その場で息を整えていると、携帯が鳴った。電話の主は上司であった。

「着いたぞ。今何処にいる？」

上司は、広場のある丘のすぐ近くに来ていた。拓也さんの様子がおかしいのが伝わったのか、鳥居の下にいると告げると、すぐさま来てくれたという。

「何かあったのか？」

心配している上司に事のあらましを伝えてみた。すると、「この音か……ちょっと行ってみよう」と、誘われてしまった。

二人でも、とてもじゃないが行きたくない。結局、上司は一人で階段を上がっていき、その間、拓也さんは一人で待っていた。


「待ってるとき、ずっと心配してましたよ。何かあったらどうしようって。ドキドキで待ってたら、何食わぬ顔をして下りてきて……」

下りてきた上司の第一声は「ありゃ、釘だな」だった。

「釘……ですか？」

「うん。掲示板の後ろから、誰かが釘を打ってるみたいな感じだな」

先端が尖った棒のようなモノ。言われてみればあのとき見たモノは、確かに釘の先端であった。

「でも不思議だよなあ……」

掲示板は崖のすぐ手前に建っていた。人が立って釘を打つスペースはない。よしんばそのスペースがあったとしても、目の前で見た拓也さん本人が、気が付かない訳がなかった。

「暗かったし慌てていたので、すぐ後ろが崖になってるって思いもしなくて。上司から聞いて、マジで震えましたね……」

上司の車に乗り帰路に就いていると、拓也さんの携帯が鳴った。あのタクシーの運転手からだった。

「しまったって思いました。すっかり忘れていたので」

電話に出ると運転手は「何かあったんですか?」と、しきりに心配していた。

心配するということは、この運転手は何かしら知っているに違いない。そう確信した拓也さんは、事の一部始終を話したそうだ。

「あー、やっぱり……」

拓也さんの予想通り、運転手はこの現象を知っていた。

「いえね、以前あの小学校の先生を、あの丘の近くで乗せたことがあってね。乗せてから気付いたけど、様子が普通じゃなかったんだ」

青い顔で身体を小刻みに震わせ、「本当だった……」等《など》、ブツブツ呟いていた。

初めは身体の具合でも悪いのかと思ったが、どうも違うようだ。運転手が事情を訊きだすと、教師は迷った挙げ句にぽつぽつと語りだしたという。

教師の話の内容をまとめるとこうだ。

数年前、ある男子児童がイジメを苦に自殺した。学校の屋上から飛び降りたという。

男児を弔うため、また二度とこのような事件が起きないようにと、あの丘の頂上に祠と鳥居を建立したそうだ。加えて、男児の同級生達が、卒業前に掲示板に飾られていた絵を描き、寄贈したという。

学校を背に一人の男の子が万歳をしているような絵。この絵を見て不思議に思った学校側が子供達に訊いてみたところ、亡くなった男子児童が〝天国で元気で暮らせるように〟と、その男児に向かい両手で手を振っている様子を描いた、とのことであった。これに甚《いた》く感動した教師達は、絵を祠の横に設置することにしたそうだ。

が、設置してから間もなく、十八時頃になるとあの現象が起きるようになった。

全員ではないが、怪異を体験した教師達は騒然とし、その中の一人があの絵に何かあるに違いないと考えた。そして、ある教師が絵の制作に携わった卒業生に連絡を取り、事情を聞きだしたという。

「その卒業生達が描いた絵は、自殺した男の子の弔いなんかじゃなかったんだ。男の子に向かって、両手で手を振ってる絵じゃなかったんだよ」

あの絵はな、〝男子児童自身が学校の屋上から飛び降りたときの様子〟を、描いたものだったんだ。

拓也さんはこの残酷な話を聞いて、こう思ったらしい。

幽霊も呪いを掛けるんだな、と。

「丑の刻参りってあるでしょ。呪いの藁人形を五寸釘で打つ奴。あれに似てませんか？　きっと自殺した男の子が、絵を描いた奴らを呪うため、釘を打ってるんですよ」

その子が飛び降りた時刻、十八時頃だって言ってましたし。

因みに、件の絵の制作に関わった卒業生達がその後どうなったか、また絵ではなく何故祠が撤去されたのか、運転手も分からないと言っていたそうだ。

豚王の呪い

神沼三平太

都内の大学で事務をしている知見子《ちみこ》という友人に十年振りに会った。久しぶりに会った彼女は相応に歳を取っていた。

「呪い、ねぇ」

身近に呪いを掛けられた話はないかと水を向けると、彼女は暫く考え込んだ。当然だろう。普通はそんなものはないのだ。だが、知見子は一分ほどして、口を開いた。

「ほら、森田君っていたじゃない。結構前の話になるけど、彼が豚王に呪われたって話してなかったっけ」

そう言われれば参加できなかった同窓会の後で、森田がおかしくなったという話は聞いたような覚えがある。しかし、豚王とは一体何だ。

そう訊き返すと、彼女は携帯を取り出し、当の森田を呼び出すから、本人から聞けばいいよと言った。

地方に転勤になったと思っていたが、森田も現在は都内に勤務しているとのことだった。

「急な話でごめんねぇ」

中華料理屋の奥の席で先に始めていた我々の元に、森田が到着したのは、知見子が連絡を入れてから小一時間経ってからだった。

「よう。久しぶり。で、豚王って何よ」

そう声を掛けると、彼は「何、そういう会なの。酷い目に遭ったんだよ」と笑いながらコートを脱いだ。

「昔さ、近所にベストエフォート型しゃぶしゃぶ屋があるって話、しなかったっけ」

それは何度も聞かされた話で、もう潰れてしまったしゃぶしゃぶ屋の話だった。やたらと安い食べ放題の店だったという。

その店に入ると森田以外には客がいない。

老店員から説明されたシステムは少々特殊で、カウンターに薄切り肉を入れた皿が置かれるので、そこから自由に持っていき、手元の鍋で肉を湯がいて食べるという店だった。

ドリンクは水とウーロン茶がカウンターにあり、セルフサービスで自由に飲める。アルコールだけは別会計だったという。

問題は、最初はカウンターに潤沢に皿が置かれているのだが、ある一定以上の枚数を食べると、置かれる皿が補充されないという点だ。食べ放題を謳っているのにそれはないだろう。実質的に上限があるのと同じだからだ。

店員を呼び出して肉がないと言っても、「今用意しているから」の一点張りで、結局待っていても追加の皿は出てこないのだという。

「ほら、俺、この体型だから食うんだよ。だからそんな店に行くよりは、新宿でも池袋でも出て、ちゃんとした店でキロ食ったほうがいいって毎回思ってたんだけどさ。それでも便利な店だったんだよ」

森田が言うように、彼は上背が一九〇センチ近くある。学生時代はスポーツに打ち込んでいたので、体格もがっしりしている。ただ、現在は記憶よりも相当肉が緩んでいた。縦にも横にも、その上で前後にも巨大な肉塊だ。業務用冷蔵庫みたいな体型とでも喩えればいいだろうか。

しかしキロ食うとは何だ。そう問い返すと、「肉はキロ食うもんでしょ」と、さも当たり前のように答えた。一ポンドのステーキがおよそ四五〇グラム強なので、それ二枚分を軽く上回る計算だ。

やりとりを聞いていた知見子が、呆れた顔をした。

そのタイミングで店員がハイボールのジョッキを持ってきた。森田はそれを一気に飲み干して、もう一杯と店員に声を上げると、話を続けた。

「それでもそのしゃぶしゃぶ屋に何度も行ったのはさ、コスパが良かったのよ。圧倒的に安い訳。普通の店の半額くらい。だから上限があるけど、ランチなら五百グラムでも食えればいいってことにしてさ、そういう意味では納得して食いに行ってたし、便利な店だったんだよ」

ただ、森田は店内で一度も他の客に鉢合わせたことがなかったという。

ある冬の日のことだった。森田はランチタイムではなく、夕飯の時間帯にその店に寄ることにした。本当はロースカツの美味い店で食べるつもりだったのだが、たまたま店が閉まっていたので、仕方なく足を運んだのだ。

店に入るといつもの老店員が迎えてくれた。他に客の姿はなく、そこまで流行らないものかなと不思議に思ったという。

食べ放題の料金も昼と同じだった。そうなると、カウンターに用意される肉の点数が更に絞られるのではないか。そう身構えた。

カウンターに並んだ皿を五皿ほど掴んで席に戻る。今日の肉は豚のロースとバラだ。

ただその日は食べても食べてもカウンターから肉が尽きることはなかった。

老店員は無表情のまま皿を置いていく。

肉は絶品だった。

結局何皿食べたかは思い出せない。一皿約五十グラムだと換算しても、普段は十皿も食べればカウンターに皿は並ばなくなる。それで五百グラムだ。ただその日は三十皿は食べたという。つまり一キロ半、カロリーにして七千キロカロリーを超える。流石の健啖家の森田でも腹が一杯になった。ズボンのベルトを緩めて改めて店内を見回す。

――悪くない。悪くないよ。

彼は満足して店を出た。


一体、何でこんなに身体が重いんだ。

駅から自宅のマンションまでの道のりが遠い。息が上がる。汗が噴き出る。

一体俺の身体に何が起きているのだ。

ドアを開けて玄関で靴を脱ぐときに違和感を覚えた。余裕のあるはずの靴がパンパンになっている。

身体が浮腫《むく》んでいるのか。アルコールを摂取した訳でもないのにどうしたんだろう。

ジャケットを脱ぎ、ズボンを脱ぎ、ワイシャツを脱ぎ、洗面所に立つ。

鏡には朝とは体型の異なる自分が立っていた。慌てて体重計に乗る。朝から体重が十キロ増えていた。

体重計の値に動揺した森田だったが、確かにその分だけ増量した実感がある。

——風呂に入って汗を流さねば。

彼は水を大量に飲み、長湯をして汗を出すことにした。

湯に浸かって、風呂蓋の上にスマートフォンを乗せて映画を流し始める。二時間後に風呂を上がり、体重計に乗ると二キロ減。

その夜は汗を拭ってそのまま寝た。

翌朝、会社に向かう前にシャワーを浴びようと風呂場に足を踏み入れた。やたらと臭う。

蓋の閉まった湯船には、昨晩入ったまま冷たくなった湯が満たされているはずだ。

だが、臭いは、まさにその湯船から溢れている。

風呂蓋を開けると白い膜が張っていた。

指で押してみると思ったよりも厚い。脂の塊だ。

以前煮豚を作ったときに見た覚えがある。これはラードだ。

ポリ袋に掬ってゴミに出さねば——咄嗟に浮かんだのはそんな考えだった。

掬い取った人肉ラードは、一キロあった。

それ以降、森田の体重は増え続けた。

会社の後輩からも、「先輩、急に太りましたね」と指摘が入った。

汗をかくと、ワイシャツが脂っぽい。そして臭う。

自分の体臭が獣臭になっている。

まだ一か月と経っていないが、あの夜から体重は二十キロ増えた。

スーツも買い替えた。

更に、あの店自体が閉店していたのもショックだった。

そこで初めて何かがおかしいと気付いた。


「豚王の呪いだね」

豚王？　何だそれは。

友人の知見子に相談をすると、知り合いの占い師を紹介された。彼女は五十代後半の女性だった。胡散臭いとは思ったが、他に頼れる人もいない。

占い師の説明によれば、豚の集団には王がいるのだという。それは一般の豚よりも強く、気高く、美しく、そして何より美味いらしい。

冗談を言うなと反論しようとすると、彼女は続けた。

「あんたが食べた肉っていうのは、普通の豚じゃないのはわかってんだろう。今もあんたの横にいるでかい豚は、豚というよりも、むしろ猪の化け物に見える——」

「——祓えますか」

森田は占い師に訊ねた。

正直なところ、日常生活を送るのにも困っているのだ。水を飲んでも空気を吸っても体重が増えてしまう。もう膝も限界だ。通勤で列車に乗っても、席を占領してしまうので、椅子には腰掛けられない。

「知見子の友人というから、大幅に割り引いて引き受けてあげるよ。祓っただけでは痩せないってことだけは先に言っておくけど」

祓っただけでは痩せないんだ——。

呪いなのか祟りなのか分からないが、この人物に祓う技術があるならば、すぐにでも祓ってもらいたい。金に糸目を付けている余裕はないのだ。このままでは早晩病気になるだろう。

「お願いします」

森田は頭を下げた。占い師は何度も頷き、以前にも一度祓ったことがあるから任せなさいと太鼓判を押した。

「あんた、運がいいよ。でも暫くは豚肉を食べるのは避けたほうがいいね」

森田はその言葉を守っているという。

「一応、それで何とかなったんだけどさ。そこからのダイエットが本当に大変だったんだよ」

「結局最大何キロになってたの」

「今より四十キロ重かった。まだ三桁あるから、あと一年くらいはダイエットしないと」

森田はそう言って店員を呼んだ。

彼は決して豚肉の入っている料理を頼もうとはしなかった。

知らぬ間に

しのはら史絵

由真さんは数年前に母親を亡くした。

一人娘である彼女が、喪主を務めたという。父親は葬儀に呼んでいない。両親は彼女が高校生の頃に離婚していたし、彼女自身も父親が嫌いだからだ。

母が亡くなり、暫くは喪失感に苛まれていた。しかし、いつまでも母親の持ち物をこのままにはしておけない。

その日、由真さんは腹を決め、母親が一人暮らしをしていたマンションを訪れた。

遺品の整理をしていると、箪笥の引き出しから見慣れない鍵が出てきた。家や車の鍵は既に由真さんが持っている。では、この鍵は一体何処のものなのか。全く思い当たる節のなかった彼女は、遺産手続きを依頼していた行政書士に調査を依頼した。

後日、行政書士から調査結果がきた。あの鍵は某レンタルボックスのものであった。

母親は物を買い集める人ではない。一人で暮らしていたマンションも、いつも綺麗に片付いていて、レンタルボックスを借りるほど、荷物があったとは思えなかった。

気になった彼女は、すぐさま足を運んでみたという。

細長いクローゼットのようなボックスの扉を開けると、中には沢山の書籍が入っていた。ボックスから出していくにつれ、気が付いた。これらの本は、全て呪いや魔術に関するものであった。母が何故このような本を買い求めたか、心当たりがある。

恐らく、あの女を呪ったのだろう。

由真さんは家に全て持ち帰り、改めて一つ一つ手に取ってみた。

すると、書籍の中にはノートが数冊混じっていた。読んでしまうのは心苦しいが、由真さんは思い切ってノートを開いてみたという。ノートの中身は母親の日記であった。父親の不倫相手への恨み言が、数冊に亘りびっしりと書かれていた。

ノートに記された日付を見ると、かなりの年数分である。両親の離婚理由は勿論、父親の不倫によるものだが、こんなにも長きに亘り不倫相手を恨んでいたのかと思うと、胸が痛んだ。

父は離婚して間もなく、若い不倫相手と再婚した。

当時、由真さんは犬を飼っていたが、母親の引っ越し先のマンションはペット不可だった。それだけではなく経済的な理由もあり、彼女は嫌々ながら父親の元に残ったという。

今でもあの継母《ままはは》との生活を思い出すと、言いようのないほど腹が立つ。

彼女は継母から、かなりの嫌がらせを受けていた。父親が不在のときは、炊事も洗濯もしてくれなかった。それだけなら自分でやればいいので、まだましである。毎日のように嫌味や罵倒を繰り返し、大切な私物を捨てられたりもした。やり方は狡猾で、こっそり行うので証拠がない。父親に訴えても無駄だった。

一度だけ、継母を本気で殺したいと思った出来事があった。

この頃、由真さんは次第に家にいることが厭になり、母親の部屋や友達の家を泊まり歩いていた時期があった。

久しぶりに家に帰ると、いつもはすぐに玄関まで出迎えてくれる愛犬がいなかった。

おかしい。家の何処を探しても見つからない。きっと、継母の仕業に違いない。

「ああ、あの犬。全然懐かないから、保健所に引き取ってもらったわ」

継母に詰め寄ると、すげなくそう答えた。

まだ、間に合うかもしれないと、由真さんは保健所へ急いだ。

結果は——駄目だった。殺処分済みと知らされたときは、目の前が真っ暗になった。

それからすぐ、継母はこれ見よがしに猫を飼い始めたそうだ。

余りにも惨い仕打ち。高校を卒業したら家を出て東京に行く。父親に何を言っても無駄だと分かっていた彼女はそう決意し、その頃からバイトに明け暮れる毎日を過ごした。

日記を読み進めていくうちに、当時の厭な思い出が脳裏をよぎった。母親があの女を憎む気持ちがよく分かる。由真さんは母親との関係は良好であった。愛犬を保健所に連れていかれたときも、母に泣きついたことを今でもよく覚えている。

母は虐げられていた私のことを想い、継母を呪ったのかもしれない——。

そんなことを考えながら三冊目を開くと、記載されている内容の趣が少し変わっていた。呪いや魔術という文字が頻繁に目に入ってくる。日付を見ると、ちょうどその日は、継母が父との子を出産した日であった。

腹違いの妹の誕生日——母はこの日から、呪いや魔術について調べ始めたようだ。様々な文献を読み、色々な方法をノートに記していた。

どの方法であの女を呪ったのか。ドキドキしながら読み続けていると、ページを捲る手が止まった。

ノートに〈○×月○日、由真に瓶を渡した〉との記述があった。

由真さんは当時のことを思い出した。昔、母親から確かに受け取っていたのだ。

その日は母から、家に来るように言われていた。行ってみると、玄関棚の上に見慣れない瓶が置かれていた。大きさは手頃なサイズのジャムの瓶ぐらい。ヘドロで汚染されたような、とても濁った液体が瓶一杯に入っていた。他には細かい紙のようなものが入っているようであったが、液体が濁りすぎていてよく見えなかった。

「この瓶を、庭の池に沈めて頂戴」

帰りしな、母親がそう言いながら瓶を渡してきた。一軒家であった由真さんの家には、広い庭があり池もあった。

何故そんなことをするのか。不思議に思い訊いてみれば、「風水的に良いらしいの」と返された。だが、もしこれが本当に呪いであったら——。急いで前のページに戻り、読み返してみると、これと同じだと思われる呪術が書かれていた。

〈なるべく汚れた水が良い。溜め池や川、それと瓶を用意〉

〈呪いたい相手の写真を手に入れ、切り刻んで入れる〉

母は自分を使って、あの女を呪ったんだ——。

由真さんの継母は父との結婚後、たった三年で他界している。死因は急性の癌だ。まだ三十代であった。

母親の呪いが効いて亡くなったのかは定かではないが、もし呪いが掛かっていたとしたら、自身も間接的に関与していることになる。

由真さんは、今でも継母のことを赦せていない。

けれども、母親に利用されたことを考えると、複雑な気持ちになるという。

絶対に忘れない

つくね乱蔵

今から五年前、宏美さんは夫の幸雄さんと慎ましくも幸せな家庭を築き始めた。

最初の結婚記念日直前、更なる幸せが訪れた。

宏美さんの妊娠である。

報告した途端、幸雄さんは宏美さんを優しく抱きしめ、感謝の言葉を告げた後、実家に電話を掛けた。

受話器を通して義父母の歓声が聞こえる。幸雄さんも泣きそうになっている。

余りの喜びようにたじろぎながらも、宏美さんはこの家に嫁いでこられた幸運に感謝したという。

出産予定日を間近に控えた頃、宏美さんは不思議な夢を見た。

夢の中で宏美さんは、幸雄さんの実家にいた。見覚えのある廊下を奥の間に進んでいく。止まろうとしても足がいうことを聞かない。奥の間は、ちょっとした広間ぐらいの大きさだ。

そこに、見覚えのある親戚縁者が沢山いた。ざっと見て、二十名以上。幸雄さんは一番手前に座っている。宏美さんはその横に座った。

家族ごとにまとまっているのだが、その背後に一人ずつ子供が立っている。

子供達は全員が似たような背格好だ。恐らく、同じ年頃なのだろうと思われる。男女とも五、六歳ぐらいだ。

義父母の背後にもいる。義母に瓜二つの女の子だ。子供達は、それぞれの前にいる大人を見つめている。

これは何の集まりなのか、あの子供達は何者か。

直接、子供達に訊いてみようと立ち上がる。声を掛けようとした途端、宏美さんは上座に立っている女に気付いた。

普段着ではなく、白い着物を着ている。

その女は音もなく浮かび上がり、宏美さんに向かって一直線に飛んできた。

女は、思わず座り込む宏美さんの頭上でピタリと止まり、こう言った。

「五つで忘れる」

そこで目が覚めた。夢などではなく、現実に起こった出来事を見ているようだったという。

何故そんな夢を見たのか、一体どういう意味があるのか。

まるで分からないまま、いつしか夢は宏美さんの記憶の底に沈んでしまった。

適切な運動で身体作りに励み、呼吸法の練習にも力を入れていたおかげで、出産は思いのほか楽に終わった。

産まれたのは女の子である。美優と名付けた。その名の通り、優しい泣き声がたまらなく愛おしい。

幸雄さんは家事と育児を分担してくれる。父としても夫としても頼りになる。

宏美さんは初めての育児に苦労しながらも、楽しい毎日を送っていた。

一歳の誕生日を祝った夜、宏美さんは美優ちゃんに添い寝しながら、いつの間にか自身も眠っていた。

久しぶりにあの夢を見た。

また、幸雄さんの実家だ。奥の間に向かう。以前の夢と同じく、親戚縁者がいる。

その背後に子供達が立っているのも同じだ。

恐る恐る上座を見る。あの女もいる。

怖いな、また飛んできたら嫌だな。宏美さんは一刻も早く、夢が覚めるように気を集中した。

その努力を嘲笑うかのように、再び女は浮かび上がり、一直線に飛んできた。

宏美さんの頭上で止まり、あの言葉を吐いた。

「五つで忘れる」

前回と同じく、そこで目が覚めた。

どう考えてもおかしい。あれは何の集まりなのか。あの子達は、どうしてあそこにいるのか。あの女は何者なのか。

五つで忘れるとはどういう意味だ。

夢とはいえ、気になって仕方がない。宏美さんは、子供達の正体から調べることにした。

何となくだが、背後に立っている子は、それぞれの家の子に思える。

ならば、アルバムを調べれば見つかるのではないか。

それぞれの家族に訊きたいところだが、まずは幸雄さんの実家へ向かった。

孫を見せに行くという大義名分を掲げ、宏美さんは実家の門を潜った。

上手く話を持ちかけ、宏美さんは三冊のアルバムを手に入れた。

一冊ずつ広げていく。義父母と幸雄さんの写真はあるのだが、あの女の子が見あたらない。

アルバムが駄目ならば、実際に家の中を調べるしかない。

美優ちゃんを探検させるという名目で、宏美さんは実家の隅々まで調べ尽くした。

分かったのは、幸雄さんは間違いなく一人っ子だということだけだ。

宏美さんは最終手段に出た。

市役所に出向き、故人も掲載されている戸籍全部事項証明書と改製原戸籍を発行してもらった。

腰を据えて調べていく。驚くべきことに、幸雄さんには姉がいた。

紀子という名前だ。五歳で亡くなっている。

帰宅した幸雄さんに証明書を見せ、宏美さんは説明を求めた。

書類によると、紀子が産まれてから二年後に幸雄さんが産まれている。共に過ごした日々があるはずだ。

それなのに、全く記憶がないという。幸雄さん自身も驚いている。誤魔化したり、隠したりしている訳ではなさそうだ。

幸雄さんは実家に電話を掛け、紀子について訊き始めた。途中から声を荒らげ、そんな馬鹿なと繰り返している。

青ざめた顔で電話を切り、震える声で幸雄さんは言った。

「そんな子、知らないってさ」

宏美さんは、調べたきっかけである夢の話をした。幸雄さんの実家に集まった親戚一同の背後に、一人ずつ子供達がいたこと。

正面から女が飛んできて、五つで忘れると言ったこと。

宏美さんは、説明しながら分かってしまった。

五つで忘れるというのは、子供が五歳になったら、その存在を忘れてしまうのではないか。

生存していた証拠が、何一つ残っていなかったのは、自分達の手で処分したからでは。

だからこそ、手が及ばない市役所の戸籍謄本には残っていたのだろう。

当然ながら、死因までは記載されていない。紀子が五歳で亡くなったのは確実だが、それに至る経緯は分からない。

幸雄さんは、他の親族の戸籍を可能な限り集めた。やはり同じだ。それぞれの家に、五歳で亡くなった子供がいる。

そしてその事実を全員が忘れていた。

一つだけ、手掛かりを見つけた。本家のアルバムに、夢に現れた女の写真が一枚だけあったのだ。
どこだか知らない森の中に佇んでいるところを写したものだ。白い着物で笑っている。
アルバムに貼ってあるからには、身内に違いない。
だが、本家の叔父は、誰の写真か分からないと首を捻っていた。

すっかり春めいてきたある日。
宏美さんと幸雄さんは、美優ちゃんとドライブに出かけた。
途中、綺麗な川を見つけ、弁当を広げる。
お気に入りのリンゴのウサギさんに、美優ちゃんは歓声を上げた。
とりわけ豪華でもなく、贅沢な幸せではない。ささやかな幸せだ。
こんな日々が、訳も分からない呪いに奪われるはずがない。
宏美さんはそう信じている。信じるしかない。
美優ちゃんの五回目の誕生日は、今年の七月に訪れる。

べったり

神沼三平太

「昨年のゴールデンウィークくらいから、イベント企画系の事務所でバイトをしてたんですけど、同期に希ちゃんって子がいて、その子と私が二人して変なことに巻き込まれまして――今でも続いているんです」

裕香さんは二人を巡る奇妙な話を教えてくれた。


そのバイト先には、玲子さんという二十代後半の女性社員がいた。彼女はきつめの美人で仕事もでき、職場でもよく目立っていた。何が理由かは不明だが、新人で入った希さんのことが気に入った様子で、二人はよく一緒に仕事をしていた。

バイトを始めて半年ほどして、希さんから週末に買い物に付き合ってくれないかと声を掛けられた。たまたま用事もなかったので、次の日曜の午後に、二人で待ち合わせることにした。

当日、会ってすぐに希さんは駅のそばのカフェに誘い、一番奥の席へと陣取った。

——最初に会った時に比べて、随分肉が落ちている。

この子は一体半年で何キロ痩せたのだろう。肌もくすんで不健康そうだ。メイクで隠しているが、顔にも疲れが滲み出ている。

彼女は注文したアイスコーヒーを一息で飲み終えた。

「ねえ。これから変な話するけど聞いてくれる？　多分裕香ちゃんが引くような話になると思うけど」

一体どんな話なのだろう。戸惑いながら頷くと、彼女は話を続けた。

「最近、ずっと変な夢を見るんだよね」

希さんが言うには、ここ半年で玲子さんから色々とプレゼントをもらうようになったらしい。ただそれから、明らかに体調が悪くなってきた。

特に夢見が悪く、寝ていても夜中に何度も目が覚めるという。

希さんは声を潜めると、何度も見る夢の内容について聞かせてくれた。

——七輪の中に生首だけの犬がいて、それが狂ったようにぎゃんぎゃん吠え立てている。

そのすぐ横に、涼しげな服装の玲子さんがしゃがんで、その犬を見ている。

何をしているのだろうかと訝しんでいると、玲子さんは長いトングで、犬の首の周りに、焼けた炭を置く。

犬の狂ったような吠え声が一際大きくなる。生首の毛や肌が焼ける匂いが周囲に充満する。吐き気が込み上げる。その様子を眺めている玲子さんは表情一つ変えずに、次々に炭を置き続ける。

犬の吠え声はいつの間にか止んでいる。恐らく犬は死んだのだろう。

すると、玲子さんはこちらを向いて、にっこりと笑う――。

「ねぇ希ちゃん、ちょっとここじゃやばいよ。あんまりだよ。カフェで話すような話じゃないじゃない」

幸い客は周囲にいなかったが、周囲を気にして裕香さんはそう諫めた。

だが希さんはその言葉を無視して続けた。

「最近はね、別の夢ばかりなんだけど、これも酷くて――」

黒い木の燃えかすのようなものが脇腹から生えている。

それを刃物で削がなくてはいけないと、焦りのような感情に支配されてしまう。

脇腹の杭のような燃えさしは、どんどん大きくなっていく。だからずっと削り続ける。

削って削って削って、自分の周囲に削りかすが積み上がっていく。

やはりそこに玲子さんが現れて、自分に向かって声を掛ける。

「その黒いのが○○だから」

○○が何かは思い出せない。ただ、あまり良くない言葉だったような気がする。

それを毎晩繰り返しているのだという。

「夜、その夢を見るたびに飛び起きるから、ずっと寝不足なの。おかげで今、体重八キロも減っちゃって。自律神経もおかしくなっちゃったみたいで、生理も止まってるんだ。食べても食べてもダメだし、どんどんおかしくなっていくの。最近は玲子さんのことが怖いんだけど、彼女、上司みたいなものだし、ぐいぐいくるから色々と断りづらくて――」

希さんは困った顔を見せた。

「もらった物って、全部把握してるの？」

「うん。今も家にあるけど、どうして？」

「家に置いてあったり、身に付けたりしてると、いけないんじゃないかな――」

咄嗟に思いついたことだったが、悪くないアイディアに思えた。

「――そうだね。それやってみる」

光明が見えたように、希さんは笑顔を見せた。

その日はそれから二人で買い物をして別れた。

希さんはその後、玲子さんから受け取った物を、全て会社のロッカーに置くことにしたらしい。それ以来夢見も悪くないと言っている。それで一件落着、裕香さんはそう思っていた。

裕香さんが玲子さんから食事に誘われたのは、そんなある日のことだった。

玲子さんは駅ビルの上階にあるレストランに入ると、「今日は全部あたしの奢りだから」と言って席に着いた。不安が表情に出ていただろうかと、裕香さんは赤面した。

食事の席でも、二人とも無言だった。普段は別のチームで特に絡みもないので、裕香さんから何か話題を切り出そうにも、何を言っていいやら迷うばかりだった。

そのとき、玲子さんが店員に食事の注文をし、その流れで裕香さんに話しかけてきた。

「あのさ。あたしそろそろ職場変えないといけないって思ってるのね」

そうなんだ。でも玲子さんがあの事務所ではエースなのに。何でだろう。

黙っていると、玲子さんは話を続けた。

「でないとそろそろみんな死んじゃうからさぁ。あたしと一緒に長時間過ごしていると、みんなぱたぱた死んじゃうんだよ。だから希ちゃんには悪かったけど、誰か一人に引き受けてもらえれば良いって思って、色々とお膳立てしてたんだ。でもさぁ——」

笑顔だが、その内側に炎のような怒りが渦巻いているのが伝わってくる。

裕香さんはどう反応していいか分からなかった。

自分は希ちゃんの夢の話を聞いて、もらったプレゼントの置き場所を変えるように思いつきで言っただけだ。

「――それともあんたが彼女の肩代わりをしてくれるっていうの？　それならあんたにもなすりつけてあげる。もうべったりとね。覚悟しておきなさいよ」

「え、覚悟って、何をですか！」

咄嗟にそう訊くのが精一杯だった。

「呪い」

「え。呪いって――」

「あたしは、自分に掛けられた呪いを、ずっと誰かになすりつけて生きてるの。でないとあたしが死んじゃうから。身代わりになってもらってるの」

冷房が効きすぎているのか、身体が冷えて、胃の辺りが痛い。

そこに料理が運ばれてきた。

一言の会話もないまま二人はそれぞれの料理を食べ進める。

味が一切分からない。

人生で初めての、生きた心地がしない食事というものを、裕香さんは体験した。

会計は最初に言った通り、玲子さんが持ってくれた。

玲子さんはそれ以降、事務所に顔を出さなくなった。古株の社員さんに訊くと、困った顔で、彼女は会社を辞めたと聞かされた。

裕香さんは不安な気持ちが抑えられなかった。

呪いなど信じてはいない。しかし、まだ玲子さんの気配は職場に濃厚に残っている。ふと気付くと、玲子さんが真後ろに立っているのではないかと感じる。

更に最近の夢見が最悪なことも気になる。

——洗面所で鏡を覗いている。その自分の耳が黒くなっていくので、それを剃刀で削ぐ。削ぐとまた黒い耳が生えてくる。それをまた削ぐ。削いでも削いでも黒い耳が生えてくる。洗面台が黒い耳で埋まりきった頃に、背後から両肩を掴まれる。

玲子さんだと夢の中で直感する。そして、穴だけになった耳元に声を掛けられる。

「もう手遅れだから」

「許さない」

「みんな死ぬけど、それはあんたのせいだから」

飛び起きると、寝汗で全身が濡れている。目が覚める直前に耳に入った言葉が忘れられない。

——覚悟しとけよ。

そう背中越しに凄む玲子さんの声が鼓膜に残っている——。

悪夢だ。これが毎晩続いている。寝不足だ。このままではおかしくなる。

——これじゃ希ちゃんが言ってたのと同じじゃない。

呪い、という言葉が頭の中をぐるぐると回る。オカルトなど信じてはいなかった。しかし、毎晩こうして夢の中で繰り返されると、もしかしたら、呪いが存在するのかもしれないと、不意に飲み込まれそうになる。

それからゆっくりと季節が巡っていった。秋が深くなっていく頃には、会社自体もギクシャクし始めていた。

学園祭の季節も過ぎ、特に忙しい案件が入っている訳でもないのに、社員さんも他のアルバイトも、皆疲れたような顔をしている。やり手の玲子さんが抜けただけでは説明ができないように思えた。

——みんな死ぬ。

玲子さんの言葉が繰り返し頭の中を回り続ける。

このように、何度も意識させること自体も、彼女の呪いの一環かもしれない。

堂々巡りだ。

夏から体重もどんどん減って、自分が不健康な状態だと自覚できるほどになった。

そんなある日、希さんと出勤日が重なった。

彼女は骨と皮ばかりになり、やけに怯えていた。

「希ちゃん、久しぶり。どうしたの」

声を掛けると、彼女は驚いたように飛び上がった。

「ああ、裕香ちゃんか。玲子さんかと思った——」

裕香さんと玲子さんの声質はまるで違う。それでも希さんは、掛けられた声がそっくりだったと言い訳して、目を伏せた。

帰りにちょっとお茶をしようと約束し、二人でチェーン店のカフェに入って現況を擦り合わせた。

希さんは、夏を過ぎた頃から悪夢の内容が変わって、毎晩覚悟しておけと玲子さんから言われているのだと打ち明けた。

——同じだ。

裕香さんが希さんと似たような夢を見始めた告げると、希さんは驚いた。

「辞めよう？　ね。裕香も一緒にバイト辞めようよ。こんなところにいたら、いつ何が起きるか分からないよ。みんな死んじゃうよ。玲子さんの呪いで死んじゃうんだよ。あたしはもう辞めることに決めたの。おばあちゃんにそう言われたし――」

怯えきった希さんは、ベソをかき始めた。

その後二人で事務所を辞めた。何も未練はなかった。


バイトを辞めてから一月ほど経った頃に、希さんから電話があった。

「おばあちゃん死んじゃった――」

彼女は開口一番そう言うと、電話口で祖母が玲子さんの呪いを祓おうとしてくれたのだと説明を続けた。

最初は特に何も起きなかったが、儀式の途中で事態が急変したのだという。

「あんた、邪魔しないでくれない？　せっかくなすりつけたのに」

突然祖母が玲子さんの声で喋り始めた。

「あんた殺すよ」

「身代わりだ――」

そう言った直後に、希さんの祖母は、白い煙のような息を吐いて、吐いて吐いて吐き尽くして、その後で何も吸い込むことができずに倒れて病院に運ばれた。

その後彼女は回復せずに亡くなった。

そう聞かされても、裕香さんはどう声を掛けていいか分からなかった。

「——玲子さんの呪いは本物なんだよ。あたしの分は、おばあちゃんが持っていってくれたから大丈夫なのかもしれない。でも、あの事務所には、今も玲子さんからもらったアクセとか置きっぱなしなんだよ。だから、社員さん達は、手遅れかもしれない」

何度も落ち着いてと声を掛けたが、希さんは一方的に話を続けた。

「おばあちゃんが、もうダメだって言ってたの。だから、社員さん達も亡くなるかもしれない。それって、裕香ちゃんのせいじゃん！　あたしがあんたの口車に乗ったから、みんな死んじゃうかもしれないいんじゃゃん！　覚悟してるんだよね！　あんた、その覚悟があってあたしにそうしろって言ったんだよね！」

希さんは、そう言った後も電話口で泣きながら何か叫んでいたが、もう裕香さんには聞き取ることができなかった。

彼女の声が玲子さんのものになっていたからだ。

そしてこの電話以降、希さんとは連絡が取れなくなり、今では彼女がどうしているか、まるで分からない。

それから半年近く経ち、耳を削ぐ悪夢の頻度は減ったが、まだ続いている。

街中で玲子さんらしき人物が影から監視していることもあるという。

「きっとこれも呪いの一環なんです――」

裕香さん自身、今後この呪いから逃げ切れるのかどうかは定かではないという。

「あたしには、もしかしたら、私も、誰かになすりつけないといけないのでしょうか。今はそんなことも考えています」

最後に彼女はそう語って席を立った。

黒塗

黒木あるじ

「本題へ入る前に、少しだけ脱線させてくれ」

そう言うなり、安川は座卓の角皿に置かれているシシャモを箸でつまみあげた。

「実は……この魚を食うと苦しんで死ぬんだ。さっき、俺が猛毒を入れたからな」

ビールを運んでいた女性店員に鋭い視線を向けられ、慌てて「いや、面白い冗談だ」とわざとらしく誤魔化す。幸いにも週末の居酒屋は満員の客で慌ただしく、店員はそれ以上こちらに気を留めず去っていった。

「……勘弁してくれ、取材前に営業妨害で叩きだされるぞ」

安堵に胸を撫で下ろしてから安川を睨みつける。

けれども当人は反省する様子もなく、愉快そうに微笑んでいた。二十年来の腐れ縁だが、クセの強い性格は今も健在のようだ。

「安心しろ。勿論毒なんか入っちゃいない。多分な」

安川が最後の四文字を強調する。そこでようやく、彼が何を言わんとしているのかを悟った。こちらの表情に気付いて旧友が再び笑う。

「そう……この〈多分な〉が呪いの正体だよ。有毒と分かっていたらおまえは食わない。いっぽう無毒と知っていれば躊躇せず口にする。一番厄介なのは、嘘か本当か判断が付かない状態……それこそが呪いだ」

「なるほど、猜疑心に自ら縛られてしまうという理屈か」

「そういうことさ。呪具がメザシだろうが日本人形だろうが猿のミイラだろうが関係ない。目の前の物品が自分に禍《わざわい》をもたらしているんじゃないか、あの人に怨まれているんじゃないか、この場所には瘴気が漂っているんじゃないか……そんな気持ちが、ひとつまみでも心の底に残れば成功だ。この仕組みも理解せずに〝呪いだ、呪いだ〟と騒いでいる連中は正直に言えば馬鹿か詐欺師だな」

相変わらず横暴で偏屈なお喋りに、思わず苦笑してしまう。

数年ぶりで連絡をよこすなり「俺の恐怖体験を教えてやるよ」と宣《のたま》うので再会の約束を取りつけたのだが、どうやら素直に披露する気はないらしい。

確かに、民俗学と文化人類学と心理学のパッチワークじみた理屈は、なかなか面白い。だが今夜の目的は怪談取材である。このまま与太話に付き合っていては夜が明けてしまう。

「興味深い御高説だ。もしかすると話の前段に使えるかもしれないな。勿論、肝腎の体験談が載せるに値した内容であれば……の話だが」

「おやおや。作家先生は厳しいものだね。じゃあ、そろそろ始めるか」

安川が、ジョッキの底に残ったビールを呷る。

その顔からは、既に笑みが消えていた。

「これは、五年前の出来事になるんだがね」

■■

その頃、彼は十歳ほど年下の女性と暮らしていたのだという。好意的な表現をすれば彼女の部屋での甘い同棲生活、身も蓋もない言い方をするならばヒモだろうか。

思い返せば私が知り合った時分から、安川は異性関係に問題のある男だった。自分に交際相手がいてもお構いなしで別の女性を口説き、しかも幸か不幸か異様にモテるのだ。個人的にはそれほど美男子の類とは思えないのだけれど、彼に熱を上げていた知人の女性曰く「甘えるのが天才的に上手い」らしい。

さて、安川を自身の部屋へ招き入れた奇特な女性の名を、仮に■■としておこう。

通常は「S山」などのイニシャル表記か「斎藤（仮名）」とカッコを書き添えるのだが、本稿では諸般の事情で黒塗りとさせて頂きたい。理由は後述する。

安川によれば、[redacted]は大層な読書家であったようだ。

「変わった子でね。〝漫画はすぐに読み終えてしまうので勿体ない。その点、一般の書籍は読了に時間が掛かるぶん書籍代を回収できる〟という理屈らしい。今の流行りに倣えば〝コスパが良い〟ってことになるんだろうな」

ワンルームの壁際に置かれている本棚には、ハードカバーから文庫まであらゆる書籍がみっしり詰められていた。ざっくり勘定しておよそ二百冊。八割がた小説だったようだが、安川はタイトルや作者名をろくに見ていなかったため、詳細は分からないという。

「別にどうでも良かったからな。本なんて、俺にとっちゃ何の価値もない」

「モノ書きを前に公言すべき言葉じゃないね。このシシャモで呪ってやりたくなる」

聞き捨てならない科白に取材を中断して抗議する。無論、悪友に怯む様子はない。

「釣り好きは名竿を鑑賞しつつ酒が飲めるけど、興味のない人間にとっては単なる棒だろ。それと一緒、自分の守備範囲以外は目に入らないってだけの話だ。だから、書棚に並んだ本も一切気に留めていなかった……あのときまでは」

得意げに嘯《うそぶ》いていた顔が、再び険しくなる。

同棲から半年ほどが経つ頃、二人の間に事件が起こった。

安川の浮気が発覚したのである。あろうことか、この男は「情事に対する感想」のメールを浮気相手に送るはずが、うっかり■■に送信してしまったのだ。

当然ながら彼女は激昂した。泣きながら安川をなじり、あらんかぎりの罵声を浴びせ、勢いよく張り手を食らわせた。まあ、おおむね正しい対応だとは思う。その場に同席していたなら、迷わず私は■■に加担していただろう。

流石の軟派男も、余りの剣幕に今回ばかりは強制退去を覚悟したらしい。

だが——意外にも■■は安川を許した。

「……もしかすると、浮気させちゃう原因は私にあるのかもしれない。何をするべきか、少し考えさせてほしい。自身を変える良いチャンスだと思うから」

余りに自罰的な結論だが、当の安川にとっては願ってもない返事だった。

「咄嗟に〝俺も自分を見つめ直してみるよ〟なんて科白を吐いたけど、そんな気は微塵もなかった。本当に馬鹿だったよ……あいつが何を考えているか気付いていれば」

あんな目に遭わずとも済んだのにな。


修羅場から半月ほどが過ぎた、ある日の午後。

安川は一人、■■の部屋で寝そべりながらスマホを弄っていたのだという。

「彼女はいつも通り仕事に行ってさ。だから俺は昼飯にカップ麺食って、競馬サイトを見ながらゴロゴロしてたんだよ。そしたら」

ばさん――。

聞きなれぬ音に顔を上げると、文庫本が床の上に転がっていた。どうやら書棚にあったものが、何かのはずみで落下したらしい。

起き上がるのは億劫だったが、放置しておけば彼女の帰宅後に喧嘩が再燃しかねない。しぶしぶ腰を上げて文庫を拾い、何とはなしにページを捲る。

「……なんだ、これ」

小説らしきその本には、奇妙な書き込みがあった。

登場人物の名前らしき部分が真っ黒に塗りつぶされ、その脇に赤ペンで〈安川〉という二文字が、振り仮名よろしく書き添えられていたのである。

「初めは、主人公を俺に置き換えて読んでいるのかと思ったんだよ。〝そういう読書の楽しみ方もあるのか、メルヘンチックだな〟なんて呑気に考えてさ。でも……」

何気なく終盤までぱらぱらと捲るうち、首を捻った。

赤ペンの書き込みがない。いつの間にか〈安川〉が退場している。

どういうことだ。一体どうなったんだ。乱暴にページを遡って〈安川〉を探すと、後半のなかごろにようやく赤文字が見つかった。

〈安川〉は、ヒロインにナイフで滅多刺しにされ、血まみれで死んでいた。

「嘘だろ……」

呆然としながら文庫本を棚へ戻そうとした手が——止まる。

待てよ、でも、いや、そんな。

嫌な予感が頭をよぎり、安川は慌てて別の一冊を手に取った。分厚い書籍の表紙には、文芸に疎い彼ですら聞きおぼえのある作者の名が大きく記されている。

恐る恐る本を開くなり、呻き声が漏れた。

やはり、登場人物が赤字で〈安川〉に書き換えられている。今回の〈安川〉はどうやら冤罪の死刑囚らしく、理不尽な不運と不幸の連鎖によってどんどん追い詰められた挙げ句、最後は訴えかなわず刑を執行されていた。

また死んだ。〈安川〉が殺された。

書籍を床へ放りなげ、次々に書棚から本を抜いてはページを開く。

チンケな詐欺がバレてヤクザに拷問される〈安川〉。我が子を交通事故で亡くし、妻との軋轢に苛まれて自死を選ぶ〈安川〉。社会の底辺から這いあがろうとして泥沼にはまりこみ、金も名声も得られず野垂れ死ぬ〈安川〉。

あらゆる本の登場人物が赤い〈安川〉に書き換えられており、一人残らず惨たらしい最期を迎えていた。

まさか——ここにある二百冊の書籍全てに俺の名前が記されているのか。

だとしたら■■は、どのようなつもりでこの遊びを行ったのだろう。否——それは本当に単なる遊びなのか。それは、もはや呪いではないのか。

だとしたら、その呪いが成就したとき——自分はどうなってしまうのか。

「限界だったよ。ボストンバッグに着替えと小銭だけを詰めて、すぐに部屋を飛び出した。一晩中鬼電《オニでん》が鳴り止まなかったけど出る気にはなれず着信拒否にしたよ。あれから五年が経ったけど、今もスマホが震えるたびに飛び上がってしまうんだ」

■■

「つまり……おまえは彼女の呪いとやらを、本気で信じているのか」

「どういう意味だ」

追加の生ビールを飲みながら訊ねる私を、安川が睨んだ。

「だって、不可思議な現象が起こった訳でも身体に異変があった訳でもないんだろ。本に不気味な落書きがあった……それだけの話じゃないか。彼女がおまえを恨んでいたのは事実かもしれないが、そこまで恐れる必要はないように思うんだがね」

「さっき言ったじゃないか。本だろうがシシャモだろうが、疑ってしまった時点で呪いは発動するんだよ。作家だったら言霊《ことだま》信仰についての知識はあるだろう。名前というのは、元々呪《まじな》いでも重要な役割を……」

「分かった分かった、まずはもう一杯飲んで落ち着け」

店員を呼び止め、生ビールをもうひとつ注文しながら「この話は不採用だな」と、私は心のうちで溜め息をついていた。

安川が言うところの〈呪いのシステム論〉自体には、私もおおむね同意する。「鰯の頭も信心から」の諺《ことわざ》どおり、祝うも呪うも心構え一つなのだろう。

しかし、その理屈に当人が搦《から》め取られてしまっては本末転倒ではないか。

少なくとも目の前の安川はそのようにしか見えない。背信を後ろめたく感じるあまり、自ら呪詛に囚われているようにしか思えない。ある意味では「呪いが効いている」と言えなくもないが、それは流石に実話怪談ではなく精神医学のカテゴリである。

だから、この体験談は〈呪物怪談〉には成り得ない。

何よりも聞き手の私が、彼に掛けられた呪いを信じていないのだから。

「……なあ、一つお願いがあるんだ」

取材の空振りを密かに憂いていると、おもむろに安川が囁いた。

「この話を載せるときは、彼女の苗字を黒塗りにしてもらえないか」

「おい、本当にしっかりしろよ。書き換えられたのはおまえの名前だぞ。相手の苗字なんて関係ないだろう。そもそも実話怪談は仮名にするのが慣例なんだ。イニシャルにするとか一文字だけ変えるとか工夫を凝らすから、そんなことは心配しなくても」

「それじゃ駄目なんだよ。[redacted]はまあまあ珍しい苗字だ。ちょっと弄っただけでは本名に気が付く読者がいるかもしれないだろ。完全に塗りつぶさないと、読んだ人間に想像する余地を与えてしまう。その人物も、[redacted]の呪いに掛かってしまうかもしれないんだ」

「馬鹿馬鹿しい。呪具でインクを作った訳でもないのに、読者が呪われるはず」

「言っただろ……少しでも疑ったら、怖いと思ってしまったら、それで成立するんだよ。もう二度と逃げられないんだよ」

「……なあ、明日にでも一緒に病院へ」

「お待たせしましたぁ！」

私の説得は、威勢の良い声に遮られてしまった。

先ほどから我々を横目で見ていた女性店員が、生ビールのジョッキを手に立っている。

受け取ろうと手を伸ばした直後、安川が「ほらな」と短く叫んだ。

「おい、今度は一体何の話……」

旧友を諌めながら、店員へと目を遣る。瞬間、思わず叫びそうになった。

笑顔を浮かべながら私を凝視する店員。その胸もとにピン留めされた手書きの名札には、真っ赤な文字で■■と書かれていた。

「珍しい……苗字ですね」

何とか絞りだした一言に、■■が笑顔で「そうですかあ」と朗らかに答えた。

「こんな名前、何処にでもいますよ。気づいてないだけで、お客さんの近くにも」

「何処にでも……いる……気づいてないだけ……」

呆然とする私に、■■が何事かを問うている。どうやら「間もなくラストオーダーだが、他に注文はないか」と訊いているらしい。言葉は理解できるのに頭が働かない。先ほどまでにぎやかだったはずの店内が、やけに寂しく、昏《くら》く思えてならなかった。

疑った時点で呪いは発動する——安川の科白が脳裏に浮かぶ。

「……分かった。黒塗りにしておくよ」

俯いたままの安川に、私はそれだけを告げて押し黙る。

沈黙する私達の横で■■が笑みを浮かべ、こちらをじっと見つめていた。

著者紹介

（五十音順）

蛙坂須美（あさか・すみ）

東京都墨田区出身。共著書に『実話奇彩 怪談散華』『実話怪談 虚ろ坂』『瞬殺怪談 鬼幽』『怪談四十九夜 合掌』。雑誌『代わりに読む人0 創刊準備号』にエッセイ「後藤明生と幽霊――『雨月物語』『雨月物語紀行』を読む」を寄稿。「呪い」は因果の流れがはっきりしているぶん、ともすれば安易な「人怖」に陥りがちなジャンルではないかと思います。そのため、ネタ選びにはいつも以上に神経を使いました。

営業のK（えいぎょうのけー）

勤務先のお仕事用ブログに掟破りの実話怪談を書き始めたことでYahoo!ニュースに取り上げられ二〇一七年『闇塗怪談』にて単著デビュー。同シリーズは二〇二二年『闇塗怪談 終ワラナイ恐怖』をもって全十巻が完結した。二〇二三年六月には『怪談禁事録』にて新たなスタートを切る。呪いの話は本当なら書きたくない。普通の怪談よりも二倍の霊障に苦しみ十倍の疲労感が残るのだから。

神沼三平太（かみぬま・さんぺいた）

神奈川県出身。兼業実話怪談作家。近刊に『実話怪談 揺籃蒐』等。呪詛の話は、怪異体験談の中でも悪意を強く感じさせる。それらの怪談において、呪詛はある程度までは理に適った振る舞いをする。呪詛は不幸の継承を期待するシステムで、自律的に自身を再生産するように仕組まれるからだろう。つまり被害者側が呪詛を維持するように仕掛けられるのだ。不幸を維持しているのは掛けられた側ということが、少なからずある。そういう呪詛は――厄介だ。

黒木あるじ（くろき・あるじ）

怪談作家・小説家。二〇一〇年に『怪談実話 震』でデビュー。著書に『黒木魔奇録』（竹書房怪談文庫）、『全国怪談オトリヨセ』（KADOKAWA）、『掃除屋プロレス始末伝』『小説ノイズ』（集英社文庫）ほか、共著では『異形コレクション』（光文社文庫）など。近著『山形怪談』（竹書房怪談文庫）にも、山形の因習に絡んだ呪いの話を掲載しております。土臭くて泥まみれの呪譚がお好きな方は、是非お手に取ってみてください。

しのはら史絵（しのはら・しえ）

東京都出身。怪談作家、脚本家、小説家。映像やラジオドラマのプロット・シナリオ、小説を手掛ける傍ら、怪異座談会や怪談イベントも主催。主な著書に『弔い怪談 葬歌』『弔い怪談 呪言歌』など。虐待サバイバーでもあり、アダルトチルドレン自助会にも顔を出す。そのため、虐げられてきた方たちから、怪異を伺うことが多い。人の恨みは恐ろしい。呪われると怖いので、恨まれないように生活しております。皆様もお気をつけあれ。

住倉カオス（すみくら・かおす）

出版社のカメラマンとして数々の事件現場や心霊事件取材に携わる。独立後「怪談最恐戦」などのイベント、怪談・心霊番組を多数プロデュース。著書に『百万人の恐い話』『百万人の恐い話　呪霊物件』など。最近、地元深川で「犬遣い」の称号を獲得。「犬遣い」とは平安時代に禁じられた蠱毒の一種で……は全くなく、キモい猫なで声でこれでもか！　と通りがかりの犬を撫で回す地元のちょっとアレな人のこと。

つくね乱蔵（つくね・らんぞう）

二〇〇七年の実話怪談コンテスト「超-1」で怪談界に身を投じ、十六年書き続けている。二〇一二年に単著『つくね乱蔵実話怪談傑作選　厭ノ蔵』を出版。ただ単に後味が悪いだけではなく、人の思いや悲しみを丁寧に描く作風は、厭系怪談の開祖とも呼ばれている。当然、恨みや呪いを描くことも多く、この本には打って付けの人材と言えよう。著作本多数。自薦作を集めた厭ノ蔵、最新作の『恐怖箱　厭満』などがお勧め。

嗣人（つぐひと）

熊本県荒尾市出身、福岡県在住の兼業作家。『夜行堂奇譚』『夜行堂奇譚　弐』を産業編集センターより発売。主にｎｏｔｅで新作を更新中。今回、呪具というテーマで実話怪談を書くに当たり、果たして何処まで書いても良いものかと思案しました。呪具。すなわち呪いの道具などという物は、案外身近な場所にあるように思います。害を成すよう、悪意を込められた道具に触れる機会は実は多いのかも知れません。
ただ我々が気づかないというだけで。

八木商店（やぎしょうてん）

愛媛県松山市出身。八百屋の三代目。ペンネームの「八木商店」は家業の八百屋（青果販売兼無添加ドライフルーツ製造販売）の屋号と同一。『呪物怪談』に載せた「鬼行《きこう》」の時代背景は長く続いた昭和が幕を閉じる寸前のもので、人々は未来に大きな期待を抱いていた。しかし、平成には仕掛けられた罠のように幾つもの未曽有の最悪が待ち受けていた。それらは人知を超え、「鬼」の計画としか思えない悲惨なものばかりだった。

夜行列車（やこうれっしゃ）

ホラーノベル『篠宮神社シリーズ』第一巻・第二巻が台湾で書籍発売中。国内では新潮社にてコミカライズ企画進行中。二〇二三年初夏連載開始予定。処女作「首くくりの町」をきっかけに現役の霊能者と知り合い、多くの実話怪談を聞かせてもらう。今回テーマの「呪い」については山神様の祟りか、呪いの人形か、理不尽な呪いか迷ったが、テーマに沿いつつ読み物として面白いと思い、「理不尽な呪い」を提出させて頂いた。

★読者アンケートのお願い

本書のご感想をお寄せください。アンケートをお寄せいただきました方から抽選で 10 名様に図書カードを差し上げます。（締切：2023 年 5 月 31 日まで）

応募フォームはこちら

呪物怪談

2023 年 5 月 5 日　初版第一刷発行

著者……蛙坂須美、営業の K、神沼三平太、黒木あるじ、しのはら史絵、住倉カオス、つくね乱蔵、緒人、八木商店、夜行列車
カバーデザイン…………橋元浩明（sowhat.Inc）

発行人…………後藤明信
発行所…………株式会社　竹書房
〒 102-0075　東京都千代田区三番町 8-1　三番町東急ビル 6F
email: info@takeshobo.co.jp
http://www.takeshobo.co.jp
印刷・製本…………中央精版印刷株式会社